베이비 맘&베스트 맘

# 베이비 맘&베스트 맘

초판1쇄 인쇄 | 2016년 1월 4일
초판1쇄 발행 | 2016년 1월 8일

지은이 | 장영미
펴낸이 | 김진성
펴낸곳 | 바나리

편   집 | 김선우, 허 강
디자인 | 장재승
관   리 | 정보혜

출판등록 | 2012년 제311-2012-000029호
주자소 | 서울시 강서구 화곡동 46-392 밀레니엄 401호
전   화 | 02-323-4421
팩   스 | 02-323-7753
이메일 | kjs9653@hotmail.com

ⓒ 장영미
값 13,500원
ISBN 978-89-97763-08-5  03370

* 잘못된 책은 서점에서 바꾸어 드립니다.

어린이집 원장 눈으로 본 자녀교육 100% 들여다보기

# 베이비 맘 & 베스트 맘

• 장영미 지음 •

# CONTENTS

# 3장 베이비 맘에서 탈출하라

# 4장 베스트 맘으로 태어나라

# 부모 역할은
# 시대가 바뀌어도 변하지 않는다

분위기 있는 카페를 좋아하고 파스타나 샐러드 바를 즐기는 요즘 엄마들은 아이 키우는 방식도 예전과 많이 다르다. 똑소리 나게 아이를 잘 키워 부러움의 대상이 되는 엄마도 있지만, 처음 키워 보는 아이를 어떻게 양육할지 몰라 당황하고 힘들어하는 엄마들도 많다.

대가족 시절에는 집안 어른에게서 육아법을 자연스럽게 전수받았지만 지금은 그럴 수 없는 환경이다. 하지만 어려운 시기도 잠시, 어린이집이라는 탈출구가 생긴다. 어린이집에서는 아이를 돌봐줄 뿐 아니라 발달단계에 따른 맞춤형 교육을 해 주니 일석이조다.

나는 15년 동안 어린이집을 운영했다. 처음에는 직업으로 선택했으니까 해야지 하는 안일함으로 시작했지만, 아이들과 함께하는 시간이 길어지면서 좋은 교육자가 되어야겠다는 사명감이 생겼다. 교육자로서 사명감이 생기자 마음가짐이 달라졌다. 교육자의 눈으로 아이들을 바라보기 시작하면서 아이들의 내면이 보이고, 느껴졌다.

평소 아이의 표정과 기분 상태를 보면 부모의 사랑을 제대로 받고 있는 아이인지 그렇지 않은 아이인지 알 수 있었다. 아이의 말과 행동 속에 부모의 인성과 가정의 분위기가 고스란히 드러나는 것을 보며 가정과 양육자가 얼마나 중요한지 알 수 있었다. 또한 교육자의 뒷모습이 아이들에게 얼마나 큰 영향을 미치는지 깨닫게 되었다.

그런데 5년 전에 갑자기 몸이 아파 큰 수술을 받아 원장직을 내려 놓게 되면서 오롯이 나만의 시간이 생겼다. 건강 회복을 위해 산에 다니며 틈틈이 유아교육 관련 서적을 읽다 보니 다시 현장으로 돌아가 더 잘해 보고 싶은 의욕이 불끈 샘솟았다. 아이들이 머리에서 맴돌 때면 키즈 카페 같은 곳에 가서 15년 동안 함께했던 아이들의 얼굴을 떠올려 보기도 했다. 나를 웃게 하고 슬프게 하고 안타깝게 하고 보람을 느끼게 한 수많은 아이들의 얼굴이 한 편의 영화 필름처럼 지나갔다.

그러던 어느 날 우연히 친구 권유로 '책 쓰기' 강좌에 등록했다. 강의를 들으며 가정과 유아교육기관이 한 아이가 어른으로 성장해 평생을 살아가는 데 있어서 얼마나 중요한 역할을 하는지 알리고 싶어졌다. 어린이집을 운영하며 체득한 노하우와 지혜를 책으로 엮으면 보람되지 않겠느냐는 주위의 권유도 있었다.

아이는 적어도 취학 전까지 부모의 안전한 보호 속에서 일관성 있는 교육을 받으며 자라야 한다. 그래야 바른 인성을 함양하며 건강하게 성장할 수 있다. 이때 유아교육기관과 가정이 상호 교류하며 균형을 유지해야 일관성 있는 양육이 가능하다. 그런데 많은 부모들이 아이를 교육기관에 맡기기만 하면 모든 것을 다 해줄 것이라 생각한다. 물론 교육기관에서도 아이들의 신체 · 인지 · 사회 · 언어 · 정서가 골고루 발달할 수 있도록 전인교육을 한다.

그렇더라도 그 뿌리는 가정이다. 가정이 바로 서지 않으면 아이가 올바로 성장할 수 없다. 인생에서 유아기와 더불어 부모 역할이 중요한 건 시대가 바뀌어도 변하지 않을 것이다. 어린이집을 운영하며 부모의 육아방법에 따라 아이의 성장과 발달이 크게 차이 난다는 것을 알 수 있었다.

주변에 마땅히 도움을 받을 만한 사람이 없어 인터넷에 떠도는 정보만 믿고 키우는 엄마들도 있고, 부모 방식만 고집하며 아이를 잘못된 방향으로 키우는 엄마들도 있다. 반면 열심히 공부하면서 지혜롭고 현명하게 자녀를 키우는 엄마들도 있다. 그래서 어린이집 경험을 되살려 아이 키우는 엄마들에게 작게나마 도움을 주고 싶었다.

1, 2장은 아이를 사랑하는 만큼 잘 키우고 싶지만 올바른 방법을

모른 채 무조건적인 사랑과 관심만으로 육아에 뛰어든 엄마들이 오히려 아이를 힘들게 하고 그르칠 수 있음을 사례와 함께 알기 쉽게 설명했다. 또한 부모의 잘못된 말과 행동, 무관심, 방임이 아이에게 어떤 영향을 미치는지 다루었다.

3장은 어떤 상황에서도 바른 부모의 모습으로 자녀를 잘 키우는 엄마들과 양육자들의 모습을 살펴보았다. 바쁜 워킹맘이면서도 일과 육아를 균형 있게 잘 해내는 엄마, 아이가 크는 만큼 공부하며 자녀를 잘 키우는 초보 엄마, 노력과 지혜로 자녀 성장에 최선을 다하는 엄마들의 사례를 다뤘다. 영·유아기는 부모의 행동과 노력이 아이의 성장과정에서 고스란히 묻어난다는 사실을 강조했다.

4장은 유아기 때 부모의 행동을 보고 배운 것이 평생 습관이 되고 인생의 나침반이 된다는 사실을 밝혔다. 특히 부모의 바른 생활과 행복한 모습만으로도 자녀는 건강하고 행복한 삶의 습관을 가질 수 있다는 점을 강조했다.

책을 내며 감사할 사람이 많다. 먼저 이 글이 책으로 나오기까지 지도해 주시고 가르쳐 주신 〈미래경영연구원〉 오정환 원장님께 감사의 마음을 전한다. 그리고 이 글을 쓰는 계기가 되어 준 친구인 〈희망

교육연수원〉 김경희 원장과 기쁠 때보다 아플 때 더 큰 힘이 되어 주고 책 쓰는 것을 응원해 준 양혜연 원장님, 강복자 원장님, 김혜란 원장님께도 감사를 드린다. 아울러 함께 의논을 하고 자료를 찾아 준 안신영 원장에게도 고마운 마음을 전한다.

또한 엄마가 책을 쓸 수 있도록 응원해 주고 집안일까지 해 주며 학교에 다니는 사랑하는 우리 딸 바다와 군대 간 아들 강산이에게도 고마운 마음을 전한다. 이 책에서 진짜 감사할 사람은 15년 동안 어린이집을 거쳐 간 수많은 아이들과 부모, 그리고 교사들이다. 이들이 없었다면 이 책도 쓸 수 없었을 것이다. 끝으로 이 책이 세상에 나올 수 있도록 조언을 아끼지 않으신 호이테북스 김진성 대표께 감사드린다.

아무쪼록 이 책이 바쁜 엄마, 서툰 엄마, 좋은 엄마가 되고 싶은 분들에게 아이를 행복하게 키울 수 있는 방법을 알려 준다면 글쓴이로서 더 행복한 일은 없을 것이다.

육아를 위해 분투하는 모든 엄마들이여, 파이팅!

# 1장

## 철없는 베이비 맘이
## 아이를 망친다

철없는 베이비 맘이 아이를 망친다

# 1

☆

# 내 자식만
# 귀한 것이 아니다

어린이집 등원 시간이면 아이들만큼이나 전화벨 소리도 시끄럽다. 어떤 엄마는 아이가 아침을 굶고 갔으니 간식 좀 많이 주라며 전화하고, 어떤 엄마는 늦게 일어나서 등원 차를 못 타겠다고 전화하고, 아이가 원복을 안 입고 자기가 입고 싶은 옷을 입겠다며 떼쓰는데 어떻게 하면 좋겠느냐고 전화하는 엄마도 있다. 심지어는 등원 시간이 지나 각 반 교실에서 아이들과 수업하는 담임을 바꿔 달라는 부모도 있다. 또 아이가 차를 놓쳐서 걸어갔는데 잘 도착했느냐고 묻는 엄마가 있는가 하면, 혼내서 보냈는데 지금은 괜찮은지 확인해 달라는 엄마도 있다.

그러면 전화를 받다 말고 교실로 뛰어가서 확인을 해야 한다. 어제 친척 집에 갔다 와서 잠을 못 잤으니 오늘 낮잠 좀 많이 재워 달라고 부탁하는 엄마도 있고, 변비인지 대변을 못 봤으니 잘 관찰해 달라는 엄마도 있다. 어린이집은 아이들 수만큼 엄마들의 요구도 많은 곳이다. 이러다 보니 어린이집 교사들은 아이보다 엄마들 때문에 힘들 때가 많다. 때로는 유독 자기 아이에게 예민하고 요구 조건이 많은 엄마들의 얘기를 들어주다 보면 난처한 상황이 발생하기도 한다.

아이들은 호기심이 많아서 교사가 사랑과 관심을 갖고 지도하면 신기할 정도로 잘 따르고 적응한다. 예뻐하지 않을 수 없고 사랑하지 않을 수 없다. 아이가 어린이집에 입학해 적응하면 울음으로 표현하던 것을 말로 표현하기 시작한다. 주먹으로 감정을 표현하던 아이가 언어로 표현한다. 또래와 어울리지 못하던 아이가 친구와 잘 어울리고, 자신감이 없어 우물쭈물하던 아이가 교사의 칭찬 한마디에 용기를 내서 당당하게 자신을 내보인다. 이렇게 아이들이 변화하는 모습을 보며 교사들은 보람과 성취감과 자부심을 느낀다.

엄마들은 어떨까? 어린이집에 처음 입학할 때는 욕심이 없어 보인다. 집에서 엄마가 해줄 수 있는 것은 한계가 있고 아직 사회성이 부족하니까 또래들과 즐겁게 잘 어울리기만 하면 좋겠다는 생각으로 보낸다. 하지만 시간이 흐르면서 엄마들의 욕심은 점점 커져 간다.

옆집 아이가 인사를 잘하면 우리 아이도 인사를 잘하게 해 달라고 하고, 한글을 깨우치면 빨리 문장을 터득하게 해 주기를 바란다. 또 편식을 하면 편식을 고쳐 줬으면 좋겠고, 그림을 못 그리면 그림을 잘 그리게 해주기를 바란다. 이렇게 엄마들의 다양한 요구를 듣다 보면 교사는 아이를 돌보는 사람이 아니라 완벽한 멀티 플레이어야 만 한다는 생각이 들 때가 많다.

　자식이 잘 크기를 바라는 엄마들의 욕심이 끝이 없다 보니 어린이 집에 원하는 것도 많고, 조금이라도 섭섭하면 앞뒤 안 가리고 전화 해서 교사들을 나무라는 경우가 있다. 하지만 자초지종도 알아보지 않고 아이 말만 듣고 흥분하여 문제를 해결하려 하는 것은 아이에게 도 교육적으로 좋지 않다. 아이가 없는 곳이라면 그나마 다행이다. 아이 앞에서 교사를 야단치고 훈계한다면 아이를 올바르게 가르쳐 야 할 교사의 권위가 제대로 설 수 없다.

## 아이 말만 듣지 마라
***

일과가 끝나 가는 오후 시간에 동섭이 엄마에게서 전화가 걸려 왔다.

　"원장님, 우리 애가 집에 와서 담임 선생님이 자기만 미워한다고 엉엉 울며 이야기하는데 어떻게 그럴 수가 있어요?"

　목소리만으로도 동섭이 엄마가 단단히 화가 났음을 알 수 있었다.

　"아이에게 그런 마음을 들게 하면 문제 있는 교사 아닌가요? 저 내 일부터 우리 동섭이 어린이집에 보내지 않을 거예요."

　동섭이 엄마는 단단히 벼르고 전화한 듯 격앙된 목소리로 쉬지 않고 퍼부었다.

"그런 일이 있었어요? 많이 속상하셨겠네요. 동섭이가 집에 가서 그런 말을 했어요? 정말 그랬으면 속상하고 화나는 것은 당연해요."

"……."

"어머니 마음 이해합니다. 그런데 그만둘 때 그만두더라도 오늘 교실에서 무슨 일이 있었는지, 선생님은 왜 그랬는지는 알아야 하지 않겠어요? 동섭이 좀 달래 주시고 어머님도 마음 좀 푸세요. 제가 자세한 내용을 알아보고 다시 전화 드릴게요."

신학기가 시작된 지 얼마 지나지 않아 걸려온 전화라 어느 정도 짐작이 갔지만, 정확한 정황을 알아보기 위해 담임 선생님에게 "동섭이가 집에 가서 선생님이 자기만 미워한다고 했다는데 무슨 일이 있었어요?"라고 물었다.

"동섭이 어머니한테 전화 왔어요? 신학기는 아이들 적응기라 그러려니 하는데, 동섭이가 자꾸 친구들을 괴롭히고 때려요. 그 동안 몇 번을 말로 설명하고 타일러도 자꾸 반복하길래 오늘은 조금 혼냈더니 서운했나 봐요. 차근차근 설명해 주며 풀어 줬고, 집에 갈 때도 손가락 걸며 다시는 그러지 않기로 약속하고 아무렇지 않게 하원했거든요. 동섭이가 어린이집에서 있던 일을 이야기하면 어머니는 아이 말만 믿고 무조건 전화해서 따지듯이 언성부터 높이세요. 지난번에도 같은 일로 전화해서 상황을 설명하고, 저랑 어머니가 조금 더 신경 쓰면 괜찮아질 거라며 이야기했는데 오늘은 원장님께 먼저 전화했네요."

이런 일은 신학기에 흔히 있는 일이다. 처음 어린이집에 보내는 엄마들은 걱정이 많다. 특히 첫아이를 어린이집에 보내는 엄마들은 하나부터 열까지 걱정이 된다. 엄마와 잘 떨어지면 한편으로는 서운하고 다른 한편으로는 '적응은 잘할까?', '또래들과는 잘 어울릴까?', '선생님이 우리 아이는 예뻐할까?'라며 머릿속에 이런저런 생각이 든다.

그렇게 하루 종일 노심초사하며 아이가 오기만을 기다린다. 매시간마다 전화해서 확인하는 엄마도 있다. 이런 엄마에게 아이의 울음 섞인 한마디는 이성을 마비시킨다. '선생님은 왜 그랬을까?', '우리 아이의 행동이 평소에 문제가 있나?', '이런 일이 생겼을 때는 어떻게 해야 좋을까?'라고 생각할 여유가 없다. 아이 말만 듣고 무조건 언성부터 높이고 본다.

그런데 둘째를 키우는 엄마들은 다르다. 이미 첫아이를 키우면서 웬만한 경험은 다 했기 때문이다. 아이가 울고 와도 '이유가 있겠지.', 싸우고 와도 '싸울 만하니까 싸웠겠지.'라며 별 반응이 없다. 그저 별 탈 없이 잘 다니는 것만으로 만족해한다.

감정대로 말부터 내뱉고 보는 엄마들은 보통 첫아이거나 처음 어린이집에 보내는 경우가 많다. 엄마 자신이 어떻게 자랐는지 기억이 없고, 아이를 키워 본 경험이 없으니 이해는 간다. 엄마이기 때문에 아이 생활이 궁금하고 행여나 또래에 비해 뒤처지지 않을까 걱정하는 것도 당연하다.

하지만 무슨 일이 나면 앞뒤 안 가리고 흥분부터 하는 것은 생각해 볼 일이다. 먼저 담임에게 전화하면 그래도 이성이 있는 엄마다. 앞의 사례처럼 다짜고짜 원장에게 전화해서 협박하듯이 소리를 지르며 따지는 엄마도 있다.

엄마들이 걱정하는 것처럼 영·유아 교사들은 한 아이만 미워하거나 차별하지 않는다. 물론 경험이 부족한 교사들이 혼자서 여러 명을 돌보다 보니 두루 신경 쓰지 못할 때는 있다. 때에 따라서는 아이의 마음을 알아도 더 큰 문제가 생긴 아이를 돌보느라 골고루 챙기지 못할 때도 있다. 이런 것을 혹시 철없는 아이가 섭섭히 여겨 엄마에게 이르듯 말했더라도 감정을 앞세운 행동은 아이나 교사에게 도움이 되지 않는다. 오히려 교사의 사기와 사명감을 떨어뜨릴 뿐이다.

따라서 진정으로 아이를 사랑하고 걱정한다면 엄마 자신의 감정부터 다스려야 한다. 혹 내 아이가 불이익을 당했다는 생각에 화가 나더라도 이성적으로 해결 방법을 찾아야 한다. 엄마가 지혜로우면 아이나 교사도 힘든 신학기를 이겨 내고 잘 적응한다. 그럴 때는 비록 화가 나더라도 감정을 누그러뜨리고 숨을 한번 크게 쉰 다음 이렇게 질문해 보자. "선생님, 우리 동섭이가 울고 왔는데 어린이집에서 무슨 일이 있었나요?"라고 말이다.

아이 앞에서 교사를 훈계하는 것은 절대 금물!

\*\*\*

5세 반 교사는 매주 금요일 회의 시간만 되면 성재 때문에 힘들었던 이야기를 푸념처럼 늘어놓는다.

"우리 반 성재는 제 말을 너무 안 들어요. 혼도 내고 달래도 봤는데 소용없어요. 선생님 반에는 그런 아이 없어요? 차량 운행 때도 위험해서 앉으라고 하면 그때뿐이에요. 또 친구들 장난감을 하도 빼앗아서 그러지 말라고 해도 화를 내지 않으면 말을 안 들어요. 수업 시간에도 자기가 하고 싶은 대로 행동해서 혼내면 제 말을 무시해요. 아무리 지도해도 소용없어요."

성재는 초중생 누나들이 있는 늦둥이다. 하나밖에 없는 아들이라 온 가족의 보호 속에 자라서인지 어리광이 심하고 자기중심적이다. 또래보다 몸이 약해 엄마는 안쓰러운 마음에 틈만 나면 업고 다녔다. 먼저 졸업한 누나가 부모님이 동생만 예뻐한다며 속상해하는 모습을 여러 번 봤다.

한번은 외출을 하고 왔는데 성재 담임이 쩔쩔매며 통화를 하고 있었다. 너무 죄인 같은 모습이라 전화를 바꿔 달라고 했다. 성재 엄마였다. 전화기 너머로 성재가 떠드는 목소리가 들리는데, 엄마는 담임을 야단치고 있었다. 통화 중에 성재가 뭔가를 요구하면 담임에게 큰소리치던 목소리는 온데간데없고 그 요구를 들어주기에 바빴다.

평소 아이가 약하고 또래에 비해 생일이 늦다고 간식을 챙겨 주며 신경 써 달라고 부탁하던 모습은 찾아볼 수 없었다. 교사에 대한 배려도 없고, 이런 행동이 아이에게 미칠 영향은 전혀 생각하지 않는 눈치였다.

성재가 가끔 집에서 가져간 물건을 잊어버리고 와서 속상했는데, 오늘은 입고 간 겉옷을 챙겨 보내지 않아 담임에게 화가 나서 전화했단다. 성재 엄마는 나와 통화하는 동안에도 옆에서 계속 말을 거는 성재에게 대꾸를 해 주고 있었다. 경력이 많지 않은 교사는 성재 같은 유형의 아이를 만나면 잘 대응하지 못하고 힘들어 한다.

그런데 사실 더 큰 문제는 아이 앞에서 교사를 야단치는 성재 엄마의 태도였다. 아이가 담임 말을 안 듣는 이유를 성재 엄마와 통화하면서 알 듯했다. 아이 앞에서 교사에 대해 좋지 않은 말을 하거나 아랫사람 대하듯 하면 아이는 교사를 존경하지 않는다. '우리 엄마가 대장이고, 엄마가 다 해결해 주네.'라는 생각이 드는 순간. 아이는 교사의 말이나 지도를 잘 따르지 않는다.

그런 아이는 엄마에게만 의지하는 분별력 없는 아이로 자란다. 물론 교사가 먼저 잘하고 실수하지 않는 것이 중요하다. 그런데 교사가 여러 아이를 돌보다 보면 부모 기대만큼 완벽할 수가 없다. 교사가 반 전체 아이들에게 골고루 신경 써야 하는 것은 백번 옳은 말이지만, 때로는 특별한 관심이 필요한 아이도 있게 마련이다.

그러다 보면 다른 아이들에게 잠시 소홀해질 수도 있다. 특히 교사가 경험이 많지 않을 때 실수할 수 있는데, 그렇다고 아이 앞에서 교사에게 함부로 말하거나 큰소리치는 행동은 내 아이에게 교사에 대한 신뢰감을 잃게 만들 뿐이다.


## 아이들 싸움을 확대시키는 것은 피하라
***

하원 시간을 앞두고 6세 반 담임은 아이들 사물함을 점검하고 있었다. 챙겨 줘도 가끔 자기 물건을 놓고 가는 아이들이 있어 담임에게 서운해하는 엄마들이 있기 때문이다. 자기 아이에게만 담임이 관심을 안 주는 것 같다고 전화하기도 한다.

그사이 상민이와 동혁이가 말다툼을 하다 급기야 서로 치고받는 싸움으로 번졌다. 담임이 말렸을 때는 이미 몸싸움까지 벌어진 후였다. 싸운 아이들은 서로 울고 있었다. 너무 갑작스럽게 벌어진 일이라 담임도 당황스러운 눈치였다. 주변에 있던 아이들의 이야기를 들어 보니 서로 똑같이 때리고 맞았다고 했다. 울음을 그친 두 아이는 서로 상대방이 잘못했다고 자기주장만 내세우고 있었다.

동혁이 얼굴 이마 쪽이 발갛게 부어올랐지만, 다행히 병원까지 갈 만한 상황은 아니었다. 담임이 두 아이를 달래 주고 서로에게 사과하도록 한 후 집으로 보냈다. 아이가 도착할 시간에 맞춰 부모님께 전화해 오늘 상황을 설명해야겠다고 생각했는데, 갑자기 동혁이 어머니가 어린이집으로 찾아오셨다.

"선생님, 우리 아이 때린 상민이네 집이 어디에요?"

"아, 오셨어요? 그렇지 않아도 동혁이가 도착할 때쯤 전화 드리려고 했는데 어머님이 오셨네요?"

"빨리 그 집 전화번호 주세요."

"고정하시고 제 이야기 먼저 들어주세요. 죄송해요. 제가 더 잘 돌봤어야 되는데 순간적으로 일어난 일이라 어쩔 수가 없었네요."

"선생님 이야기는 더 듣고 싶지 않아요. 그 집 전화번호나 주세요. 그리고 선생님한테 서운해요. 우리 아이 얼굴 보셨죠? 얼굴 전체가 빨갛게 됐잖아요. 얼마나 아프고 속상했으면 집에 오자마자 대성통곡을 하겠어요? 애 아빠도 화가 많이 나 있어요. 치료비 물어 줄 테니까 맞지 말고 때리고 오라고 할 정도로 맞고 오는 거 싫어하는 사람인데."

여섯 살 또래 남자아이들은 가끔 의견 충돌이 일어난다. 그 중간에서 담임이 이야기를 들어 주고 상황을 잘 설명해 주면 대부분의 아이들은 언제 싸웠느냐는 듯 잘 지낸다. 그렇게 사회생활을 배우며 커 나간다. 또 좁은 공간에서 서로 다른 가정 문화를 가진 아이들이 싸우지 않는다는 것은 있을 수가 없다. 한 배에서 나온 형제자매들도 매일 싸우며 자라지 않는가.

그 속에서 양보도 배우고, 주장도 배우고 타협도 배운다. 이 역시 교육의 한 과정이다. 안 싸우는 아이들보다 싸우고 맞아 본 아이들이 친구 관계가 더 원만하다는 조사 결과도 있다. 경험을 통해서 지혜를 터득한다는 의미다.

그런데 몇몇 부모들은 내 아이가 맞으면 속상해하고 화만 낼 뿐 아이들 간의 다툼을 이해하려 하지 않는다. 또 아이가 맞고 오면 창피하게 여기고 못 견뎌 한다. 아이는 맞으면 아프고 속상할 뿐이다. 아이가 우는 것은 '이런 내 마음 좀 알아주세요!' 하고 마음을 표현하는 것이다. 그런 경험이 바탕이 되어 아이 스스로 자신을 강하게 만들어야겠다는 다짐도 한다. 유아기 때의 다양한 경험은 아이에게 세상을 살아가는 방법을 일깨워 준다. 어렸을 때 생각 없이 놀다 모서리에 부딪혀 피가 나면 그 후에는 모서리를 조심한다. 뜨거운 난로에 무심코 접근했다가 데인 후에는 난로를 조심한다. 누구나 한번쯤 이런 경험을 하고, 그런 경험을 통해 지혜를 얻는다.

나비가 진화하는 과정을 보면 스스로의 경험이 얼마나 중요한지 알 수 있다. 나비 애벌레는 자신의 몸을 감싸고 있는 껍데기를 스스로 뚫고 나와야 튼튼한 날개를 얻을 수 있다. 만약에 그 모습이 안타까워 누군가가 쉽게 나올 수 있도록 구멍을 뚫어 주면 애벌레는 금방 죽고 만다. 날 수 있는 힘과 면역력을 키울 기회를 놓치기 때문이다.

고생한 부모 세대 덕분에 편하게 자라 온 요즘 부모는 아이에게 조금이라도 문제가 생기면 자기들이 직접 나서서 해결해 주어야 능력 있고 좋은 부모라고 생각한다. 아이가 싸우고 와서 울면서 부모에게 이야기하는 것은 자기를 때린 아이를 혼내 주라는 뜻이 아니다. 지금 내 마음이 아프고 억울한 것을 좀 알아 달라는 신호일 뿐이다.

이때 아이 편이 돼서 이야기를 들어 주고 수용해 주면 아이는 금세 마음이 편해져서 스스로 해결책을 찾는다. 하지만 부모가 내 아이가 맞은 만큼 상대를 때린다거나 과격한 행동을 보인다면 아이는 부모에게서 힘의 논리를 배운다. 맞으면 때려야 하고, 억울한 일이 생기면 힘으로 해결해도 괜찮다는 잘못된 논리를 배운다. 어린이집은 또래끼리 모여 함께 경험하며 성장에 필요한 영양분을 골고루 채워 가는 곳이다. 아이들이 싸우거나 맞고 왔을 때 부모들이 교사를 신뢰하는 모습을 보여 줘야 아이가 보고 배운다. 힘으로 해결하기보다는 아이 말을 잘 들어 주고 감정을 공감해 주는 부모가 되어야 한다. 아이의 감정을 잘 읽어 주면 스스로 지혜의 주머니가 커져 건강하게 성장할 수 있다.

　어린아이들이 생활하는 어린이집에는 이처럼 끊임없이 일이 생긴다. 그래서 교사들은 아이들이 등원할 때부터 하원할 때까지 안전을 최우선으로 생각하며 긴장 속에서 보살핀다. 잠시라도 눈을 돌리면 어떤 일이 벌어질지 아무도 예측할 수 없기 때문이다. 어린 연령일수록 아이는 잠깐이라도 혼자 내버려 두면 사고로 이어진다는 사실을 아이 키우는 엄마들은 한 번쯤 경험했을 것이다.

　그래서 특정 아이만 신경 쓸 수가 없다. 전체 아이를 잘 봐야 한다. 그런데 이게 말처럼 쉬운 일이 아니다. 아이 한 명 한 명 성격이 다르고 행동이 다르기 때문이다. 아이들에게 최선을 다하더라도 아직 분별력이 없는 아이들은 호기심이나 판단 미숙으로 일을 만든다. 크든

작든 문제가 생기면 교사들은 무한한 책임감을 느낀다.

그런데 일이 생길 때마다 담임에게 몰아붙이듯이 화내고 죄인 다루듯 하면 교사들은 의욕을 잃을 수밖에 없다. 엄마들 마음을 이해 못하는 것은 아니다. 친구들과 즐거운 시간을 가지라고 보냈는데 아이가 다쳐서 오면 속상하고 어린이집에 대한 신뢰가 떨어질 것이다.

아프리카에 "한 아이를 키우려면 온 동네가 들썩인다."는 속담이 있다. 부모들이 아이를 교육기관에 보낼 때는 내 아이뿐 아니라 우리 아이들을 키운다는 마음가짐이 필요하다. 또한 어린이집을 믿고 기다려 주고 협조해 주어야 아이들이 잘 지낼 수 있다.

맞벌이 가정이 늘고 출산율이 낮아지면서 어린이집은 유아교육기관으로서 역할이 커지며 체계적이고 안정된 교육기관으로 자리매김하고 있다. 배려와 이해가 필요한 어린이집 단체생활은 엄마들의 작은 협조만 있어도 모두를 행복하게 할 수 있다.

# 2

*

# 엄마의 잘못된 행동이
# 아이를 망친다

사춘기 전까지 부모의 행동은 아이에게 가장 많은 영향을 준다. 태어나면서부터 가장 많은 시간을 함께 생활하며 보내는 부모의 행동이 무의식 속에 자리잡기 때문이다. 그러니 아이가 누구를 닮겠는가.

〈우리 아이가 달라졌어요〉라는 텔레비전 프로그램을 보면 다루기 힘든 아이들이 나온다. 아이의 문제를 바로잡기 위해 전문가가 등장하는데, 전문가는 아이의 행동 보다는 부모들의 행동을 교정하는 처방을 내린다. 신기하게도 부모들이 바뀌면 아이는 정상으로 돌아온다. 부모들은 아이에게 문제가 있다며 아이를 나무라거나 어린이집에 불평할 것이 아니라 먼저 자신에게 어떤 문제가 있는지 살펴봐야 한다.

아이를 키우는 동안에는 아이가 모든 것을 좌우할 만큼 부모의 마음속에 아이가 함께 있다. 힘들고 고통스러울 때도 있지만, 예쁘고 사랑스럽고 뿌듯한 순간도 있다. 아이를 낳으면 많은 것을 포기해야 하지만, 아이가 있어 희망이 되고 힘이 될 때가 더 많다.

그런데 엄마 자신이 힘들어서 감정을 제어하지 못하고 일이 생길 때마다 아이에게 일관성 없이 행동하고 감정을 분출한다면 아이에게 좋을 리 없다. 뜻대로 되지 않는다고 화를 내고 어제와 똑같은 상황에서도 다르게 행동한다면, 아이는 엄마의 행동을 이해하지 못할 뿐만 아니라 상처를 받는다. 화가 날 때, 기분이 좋을 때, 일이 생겼을 때마다 각기 다른 부모의 행동이 아이를 혼란스럽게 하기 때문이다. 부부 싸움으로 아이를 불안하게 한다거나, 아이에게 폭력을 쓰는 것도 아이를 불행하게 만든다.


## 솔선수범하는 모습을 보여라
★★★

다섯 살 지용이 엄마는 차량 운행 시간에 아이를 데리고 나와 항상 팔짱을 끼고 서서 기다린다. 교사가 아이와 인사를 해도 보고만 있고, 교사나 차량 안전 선생님과도 인사를 안 한다. 그러던 어느 날 차량을 운행하는 담임을 보더니 대뜸, "선생님, 어린이집에서 인사하는 법 안 가르쳐요? 다른 데 다니는 또래 아이는 인사도 잘하던데 우리 아이는 왜 인사도 못하는지 모르겠어요."라고 하셨다.

"지용이가 인사를 안 해요?"

"네, 슈퍼나 놀이터에 가서 어른들을 만나도 인사를 안 해요. 시켜야 마지못해 해요."

"그래요? 어린이집에서는 곧잘 하거든요."

"제가 지금 거짓말한다는 거예요? 데리고 나가면 화나고 창피할 때가 한두 번이 아니에요. 지용이가 인사 좀 잘하게 해주세요."

화가 난 지용이 엄마는 하원 길에 담임에게 하소연하듯 말하고 아이를 데리고 돌아섰다.

엄마들끼리 모일 때 내 아이만 인사를 하지 않거나 사람들과 어울리지 못하면 엄마들은 속상하다. 엄마들이 모이는 미용실에서 인사를 잘하거나 못하면 그 어린이집은 금방 소문이 난다. 아이가 집 근처 소아과 병원에 가서 영어로 노래라도 흥얼거리면 그것이 교사 덕분인 양 다른 엄마들 앞에서 어린이집 자랑을 맘껏 한다.

어떤 엄마는 집에서 가르치면 듣지 않던 아이가 어린이집에서 교사가 훈육하면 잘 듣는다고 교사에게 모두 미루는 경우도 있다. 그러다가 내 아이만 못하면 속상한 마음에 모든 것이 어린이집 탓인 것마냥 담임에게 화를 내기도 한다.

인성교육 주간 주제를 '인사를 잘하자'로 정했을 때의 일이다. 아이들이 즐거운 마음으로 인사를 몸에 익히도록 하려고 이벤트를 준비했다. 한 달 동안 등원과 하원 시간에 인사를 잘하는 아이에게 선물을 주는 행사였다. 가정통신문으로 부모님께 알리고 아이들에게 가르치며 매일 실시하였다.

평소 인사성 있는 아이는 첫날부터 더 씩씩하고 바르게 했다. 선물에 욕심이 생겨 잘하는 아이가 있는가 하면, 인사할 때마다 칭찬을 받으니까 잘하는 아이도 있었다. 스스로 해 본 적이 없던 아이들도 처음엔 낯설어하며 머뭇거리다가 교사의 격려를 받고, 다른 아이들이 하는 것을 보며 용기를 내서 했다. 엄마가 속상해서 교사에게 하소연하던 지용이도 다른 아이들처럼 등원할 때나 하원할 때나 인사를 잘했다.

인사는 훈련이나 교육으로도 가능하지만 때로는 아이 선택의 문제일 수 있다. 아이들은 어른과 똑같은 방식으로 사고를 하지 않는다. 또 사회적 관습에도 익숙하지 않다. 친하지 않은 사람에게 인사하지 않는 것은 아이가 인사하는 법을 몰라서 안 하는 것이 아니다. 따라서 부모가 부끄러워할 필요가 없다. 아직 관계에 서투른 아이의 의사 표현일 수 있다.

또 다른 이유는 부모의 행동에 있다. 아이들은 부모가 하는 행동을 무엇이든 따라 하려 하지만 하지 않는 행동을 따라 할 수는 없다. 등원할 때나 하원할 때 지용이 엄마의 행동이 그것을 말해 준다. 영·유아기는 어른의 말보다는 행동을 모방하고 싶어 하는 시기여서 부모의 행동이 중요하다. 인사를 하지 않는 아이에게 억지로 하라고 하면 반발심 때문에 더 안 할 수도 있다. 아이가 인사를 하지 않더라도 조바심을 내면서 억지로 시키지 말고 부모가 먼저 모범을 보여 주면 아이 스스로 해내는 뿌듯한 모습을 볼 수 있을 것이다.


## 기분에 따라 행동하지 마라

**★★★**

아이의 행동을 보면 부모를 알 수 있는 또 다른 사례가 있다.

"민재 엄만데요, 오늘 민재가 어린이집에 못 간다고 전화했어요."

"민재가 어디 아파요?"

"그런 건 아니고요. 가기 싫다고 해서 하루 쉬라고 했어요."

"그렇게 자꾸 들어주면 습관이 되서 더 안 가려고 할 텐데요."

"가기 싫다는 것을 어떡해요. 이따 마음이 바뀌면 제가 데리고 갈게요."

여섯 살 민재는 일주일에 두세 번은 결석한다. 아파서 안 올 때도 있지만 가기 싫다고 하면 엄마가 안 보낸다. 엄마랑 어디라도 가게 되면 일주일에 한 번밖에 오지 않을 때도 있다. 담임이 민재를 오게 하려고 전화로 여러 번 설득했지만 소용없었다. 마음이 바뀌어 다시 간다고 하면 엄마가 데려다주는 날도 있었다. 어느 날은 잘 왔다가도 무엇이 마음에 안 드는지 집에 보내 달라고 떼를 쓰기도 했다.

처음엔 모든 교직원들이 당황했다. 담임을 싫어한다거나 어린이집에 문제가 있어서라고 생각해서 회의도 많이 했다. 하지만 엄마를 지켜보고 나서야 원인을 알았다.

민재 엄마는 기분이 좋을 때와 그렇지 않을 때 행동이 너무 달랐다. 기분이 좋은 날은 화장도 예쁘게 하고 옷도 신경 써서 입고 민재의 등원 배웅을 했다. 담임을 떠받들기도 하고 격려도 해 주었다.

문제는 기분이 좋지 않을 때였다. 무표정하고 때로는 차가운 얼굴로 민재를 배웅했다. 그런 날은 하원 마중도 안 나와서 차량 교사가 현관까지 데려다주었다. 또 교사에게 서운하면 큰소리로 훈계하듯 다그쳤다. 민재는 결석하는 날이 많아 아이들과도 불협화음을 내는 날이 많았다. 떼를 쓰면 엄마가 다 들어주다 보니 어떤 활동을 해도 스스로 하려는 의지가 부족했다.

입학 당시 밝고 티 없는 민재를 친구들은 좋아했다. 크고 맑은 눈망울에 수줍음을 타던 민재는 반 아이들에게 인기가 좋았다. 하지만 민재의 불규칙하고 일관성 없는 원 생활에 아이들의 관심도 점차 시들해졌다. 담임도 힘들어 했다.

아이들 중에는 감정 변화가 심하고 유독 인내심이 없는 아이들이 있다. 대부분 양육자의 양육 태도가 그 원인이다. 같은 행동이라도 엄마의 기분에 따라 어느 때는 되고, 어느 때는 안 된다면 아이는 어떻게 해야 할지, 올바른 행동이 무엇인지 알 수가 없다. 인내심이나 올바른 생활 습관을 기를 수도 없다. 이렇듯 양육자의 일관되지 않은 태도는 아이에게 혼란만 주고 의욕을 상실하게 만든다.

중학교에 들어간 딸이 어느 날 학교에서 돌아와 "엄마! 내가 엄마

딸이라서 진짜 좋아."라고 했다.

"왜?"라고 물었다.

"엄마는 잘못했을 때 말로 혼내고 알아듣게 설명해 주잖아?"라고 했다. 그 말에 "딸이 모르니까 설명해 줘야지."라고 했더니 딸아이가 말했다.

"내 친구 엄마는 잘못하면 화부터 내고 심하면 욕도 한대. 엄마는 일하느라 바빠도 아침은 꼭 챙겨 주고, 어린이집 운영하느라 시간이 없어도 견학이나 소풍 도시락은 꼭 싸 줬잖아? 근데 친구 엄마는 전업주부인데 도시락을 김밥집에서 사서 주고 아침에 못 일어나서 밥도 못 먹고 오는 날이 많아. 또 엄마는 칭찬도 화내는 것도 기준이 똑같잖아. 그런데 친구 엄마는 화날 때와 기분 좋을 때 기준이 다르대. 그래서 친구는 자기 엄마가 기분 좋을 때 하는 말은 접대용이고, 짜증 날 때가 진짜 모습이라며 힘들어 해."

그날 딸이 하는 말을 듣고 나는 말할 수 없을 만큼 기분이 좋았다. 엄마 역할에 대한 믿음도 생겼고, 바빠서 마음만큼 챙겨주지 못한 우리 딸이 잘 크고 있다는 생각이 들었기 때문이다.


## 부부 싸움을 표 내지 마라
★★★

아침은 하루의 시작이다. 출발부터 기분이 좋으면 하루를 긍정적이고 가뿐하게 시작할 수 있다. 옆 사람까지 기분 좋게 만들고 일에도 능률이 오른다. 그래서 옛날 엄마들은 출근하는 남편이나 아이들에게 화가 나거나 하고 싶은 말이 있어도 참고 보냈던 모양이다.

영·유아기는 이성이 발달하지 않은 단계라 아침에 기분이 좋지 않은 상태로 어린이집에 오게 되면 어떤 상황이나 누구의 말도 받아들이려 하지 않는다. 또한 또래들과 어울리는 모습도 여느 때와 다르다.

아이들이 기분 나쁜 상태로 오는 데는 여러 가지 이유가 있다. 구두를 신고 싶었는데 엄마가 운동화를 신고 가라고 해서, 늦었는데 밥을 천천히 먹는다고 혼나서, 엄마가 동생 데리고 외출하는데 함께 데려가지 않고 어린이집에 보내서, 자기가 입고 싶은 옷을 못 입고 와서, 엄마랑 있고 싶은데 엄마가 출근해 어린이집에 올 수밖에 없어서 등 다양한 이유가 있다.

그러면 감정이 앞서는 유아기 아이들은 속상한 마음을 안고 어린이집에 온다. 교사들은 아이들 얼굴만 봐도 기분이 좋은지 나쁜지 금세 안다. 감정이 불안정한 아이들은 의욕이 없다. 마음이 편치 않아 어떤 것도 잘 해내지 못한다. 또래 관계에서도 원만하게 어울리지 못한다. 활동 시간이나 학습 시간에도 흥미를 느끼지 못하고 집중해서 참여하지 않는다.

이렇게 보내는 시간은 인지발달이나 학습발달에 도움이 되지 않는다. 그래서 기분이 좋지 않은 상태로 등원한 아이는 마음을 풀어 주고 다독여 준다. 또 엄마 입장이 돼서 설명해 주고 안아 주면 언제 그랬냐는듯 기분이 좋아진다.

그런데 하루 종일 우울한 기분을 풀지 못하는 아이도 있다. 대부분은 부모가 싸운 경우다. 부부 싸움이 심한 가정의 아이는 마치 그게 자기 탓인 것인 것처럼 자책감을 갖거나 엄마가 어디론가 갈 것만 같은 불안감을 느낀다.

부부 싸움으로 엄마가 집을 나간 경험이 있는 다섯 살 현지는 실제로 부모가 싸우는 모습을 보고 온 날은 하루 종일 잘 먹지도 않고 또래들과 어울리지도 않았다. 교사가 안아 주고 이해시키지만 불안함은 한동안 지속되었다. 작은 일에도 예민해서 잘 울고 짜증을 내며 무엇에도 흥미를 느끼지 못했다. 본래의 감정 상태로 돌아가려면 부모가 예전 모습으로 돌아와야 가능했다.

가정에서 문제없이 즐거운 마음으로 어린이집에 온 아이는 단체 생활에 적응하는 속도가 빠르다. 소심한 아이나 우울해하는 아이가 있어도 어울리도록 도와준다. 예민한 아이가 화나게 하더라도 별일 아닌 것처럼 잘 받아 준다. 담임이 다른 아이를 챙겨도 자기 할 일을 하고, 모르는 문제에 부딪혀도 물어봐서 스스로 해결한다. 또한 하루 종일 활동하거나 학습한 내용도 잘 기억한다. 담임의 관심을 덜 받더라도 상관하지 않고 잘 어울리고 즐겁게 활동한다.

어른에게는 아침이 하루의 기분을 좌우하지만, 아이에게는 성격 형성에 영향을 미친다. 아침이 즐거운 아이는 긍정적이고 밝은 성격으로 성장한다. 그러므로 아이의 아침 기분은 행복한 미래를 열어 주는 아주 소중한 열쇠인 것이다.


## 자신의 감정부터 조절하라

***

선우 엄마는 아이를 대하는 태도나 원에 신경 쓰는 마음이 어떤 엄마보다도 열심이었다. 어린이집에 행사가 있으면 적극적으로 참여했고, 아이를 위하는 일이라며 제일 일찍 오고 맨 마지막까지 남아 교사들까지 챙겼다. 또한 아빠까지 함께 참석해 분위기를 띄워 주고 힘든 일은 앞장서서 잘 도와주었다.

그녀는 아이가 워낙 작고 약하게 태어났다며 입학할 때부터 담임에게 신경 좀 많이 써 달라며 신신당부를 했다. 아이에 관한 일은 모두 담임과 상의하고 작은 일 하나까지도 세심하게 신경 쓰는 모습을 보며 그녀의 아이에 대한 사랑이 정말 각별하다는 생각이 들었다.

그런데 때때로 선우 엄마의 남다른 관심은 어린이집 교직원들을 힘들게 했다. 특히 상황이 바뀌면 행동이나 말이 달라지는 것을 보고 당황할 때가 한두 번이 아니었다. 아이가 조금만 기분이 안 좋은 채로 집에 가도 무슨 일인지 담임에게 전화해 묻고 차량 시간이 조금만 늦어도 아이가 힘들어 한다며 화를 냈다.

때로는 하원할 때 아이를 다른 곳에 내려 달라고 요구해 애를 먹기도 했다. 더욱이 선우 엄마의 거침없는 감정 표현은 교사들의 사기를 떨어뜨렸다. "선우가 집에 오자마자 배고파 하는데 간식이랑 밥은 잘 챙겨 준 거예요?", "친구가 안 놀아 준다고 하는데, 선생님이 신경 안 써서 그런 건 아니에요?"라며 선우의 말 한마디에 담임을 들었다 놨다 했다.

입학하고 적응기가 끝나 갈 무렵 뮤지컬을 보러 간 적이 있었다. 학기 시작 후 처음 보러 가는 뮤지컬이었다. 아이들을 위한 프로그램으로, 여러 어린이집과 유치원 아이들이 다 함께 보는 어린이 유괴에 관한 내용이었다. 7세 아이들부터 들어가고 마지막으로 선우가 있는 4세 반 아이들이 들어갈 차례였다. 입구를 지나 공연장으로 들어가는데 갑자기 선우가 소리를 지르며 울기 시작했다. 당황스러워 선우만 안고 밖으로 나왔다.

시간에 맞춰 뮤지컬이 시작됐다. 단원들이 모자를 쓰고 인형 옷을 입은 채 춤추며 노래했다. 이 프로그램은 아이들과 소통하며 유괴에 대한 대처법을 자연스럽게 익힐 수 있도록 짜여져 있었다. 평소에 무서워하던 경찰 아저씨가 나와서 나쁜 사람은 따라가지 말라고 교육하고, 유괴된 아이를 구출하고 유괴범을 잡는 내용의 공연이었다.

처음 접하는 분위기에 두려움을 느끼는 아이도 있었고, 울어서 안고 달래며 설명을 해 주어야 하는 아이도 있었다. 다행히 아이들은 시간이 지날수록 재미있어 하며 잘 적응했다. 하지만 선우는 끝까지 공연장에 들어가는 것을 거부해서 밖에서 안고 있다가 돌아왔다.

그날 오후 선우 엄마와 낮에 있었던 일로 통화를 했는데, "그래요?

선우가 그렇게 겁이 많은 줄 몰랐어요."라고 걱정하며 전화를 끊었다. 그런데 얼마 후 선우에게 걱정스러운 일이 일어났다. 평소와 같이 아침 등원 장소에 선우와 엄마가 보이지 않았다. 예민한 엄마여서 더더욱 시간에 맞춰 도착했는데 그날은 나와 있지 않았다. 기다리던 차량 선생님이 전화를 했지만, 선우 엄마는 전화를 받지 않았다.

결국 선우 아빠에게 전화를 했다. 신호가 끊길 무렵 전화를 받은 선우 아빠는 선우를 집에 와서 데려가 달라고 부탁했다. 당황스러웠지만 차량 교사가 선우네 집으로 들어갔다. 아빠의 얼굴은 까칠했고, 선우는 겁먹은 채 울고 있었다. 엄마는 집에 없는 듯했다. 교사는 가방만 들고 선우를 안아서 차에 태웠다.

부부 싸움을 하고 엄마가 집을 나갔다는 이야기를 저녁때 선우를 데리러 온 할머니에게서 들었다. 부부가 어려서 그런지 싸울 때는 술을 많이 먹고 큰소리로 싸운다고 했다. 그때마다 어린 선우는 놀라서 운다고 했다. 선우가 두려움과 공포심을 많이 느끼는 이유를 알 것 같았다.

며칠이 지나고 집에 돌아온 선우 엄마는 아무 일도 없었다는 듯이 담임에게 전화를 했다. 하지만 그 후에도 잦은 부부 싸움과 엄마의 가출은 선우를 불안하고 예민하게 했다. 엄마가 집을 나가면 연락이 두절되어 할머니가 데려다주는 일이 반복되었다. 엄마가 없는 날이나 싸우는 모습을 보고 온 날이면 어김없이 선우의 얼굴에서 하루 종일 불안함과 우울함을 읽을 수 있었다. 선우는 또래들보다 몸과 키가 작을 뿐만 아니라 언어발달이나 신체발달도 지연되었다. 누구보다 꾸준하고 일관성 있는 엄마의 사랑이 필요한 아이였다.

이처럼 부모의 불안정한 양육 태도는 아이의 정서를 불안정하게 하고 발달에 좋지 않은 영향을 끼친다. 이런 사례들을 경험하면서 부모 교육을 할 때면 "아는 게 많고 경제력이 되어 모든 것을 다 챙겨주는 부모보다 아이가 예측할 수 있는 한결같은 사랑을 주는 부모 역할이 아이에게는 더 중요합니다."라고 힘주어 말한다.


## 꽃으로도 아이를 때리지 마라

***

최근 어린이집 아동학대 문제를 다룬 뉴스를 보며 마음이 무거웠다. 학대당한 아이 때문에 마음이 아프고, 하루하루 최선을 다해 노력하는 어린이집 교사와 원장들의 사기가 떨어지는 게 안타까웠다. 소중한 아이들은 올바른 어른들이 사랑과 관심으로 키워야 한다. 그런데 아동학대 실태를 보면 가정에서 친부모에 의한 학대가 80%를 넘는다고 한다. 많은 아이들이 어릴 때부터 가정 내 학대와 폭력을 경험하며 자라는 것이다.

엄마가 상담하기 위해 데리고 온 여섯 살 준석이는 또래들보다 체구가 큰 내성적인 남자아이였다. 입학하고 나서도 선생님 말씀을 잘 듣는 얌전한 아이였다. 또래들과도 잘 지냈고, 학습 태도, 인지능력, 이해력도 또래에 비해 좋았다.

그런데 언제부터인가 아이들이 준석이를 멀리했다. 이유를 물어봤더니 준석이가 다른 아이들을 괴롭힌다는 것이었다. 어느 날은 작은 일로 다투다가 친구를 때리기까지 했다. 담임이 다툰 아이 둘을 불러 이유를 물었더니 맞은 친구는 억울하다며 설명을 하는데 준석이는 말없이 서 있기만 했다. 서로 사과를 시키고 자리로 보내려 했지만, 준석이는 사과라는 것을 모르는 아이처럼 행동했다. '준석이에게 저런 면도 있구나.'라고 생각하며 천천히 좋아지리라 믿고 가볍게 넘겼다. 자아 개념이 형성되는 시기에 있는 아이들은 다양한 성격이 행동으로 나타나기 때문이었다.

그러던 어느 날 같은 반 여아가 준석이에게 맞았다고 울면서 담임을 찾아왔다. 이유도 없이 맞았다며 억울해했다. 준석이를 불러 자초지종을 물어봤지만, 준석이는 또 말문을 닫았다. 준석이의 모습에 당황한 담임은 수업을 마친 뒤 준석이를 따로 불렀다.

"우리 준석이, 요즘 속상한 일이 있니? 모범생인 우리 준석이가 친구들하고 자꾸 다투니까 선생님이 당황스럽고 속상하네. 이유가 뭘까?"

"……"

준석이는 말이 없었다. 자라면서 또래 관계에서 있을 수 있는 일이라 여겼던 준석이의 행동에 문제가 있다는 생각이 들자 담임은 엄마에게 전화를 했다.

"안녕하세요, 어머니. 준석이 담임이에요."

"네, 안녕하세요?"

"다름이 아니라 요즘 댁에 무슨 일이 있나 해서요. 모범생이던 준석이가 친구들과 다툼이 잦네요. 이유를 물어도 아무 말이 없고, 원에서는 지켜봐도 특별한 이유가 없어서 어머님께 전화를 드렸어요."

"그래요? 집에 아무 일 없어요. 우리 준석이는 그런 아이가 아니에요. 동생하고도 잘 놀아 주고 잘 지내는데요. 집에서는 아무 문제없는 아이니까 어린이집에서 더 지켜보세요."

그 후에도 준석이는 친구들과 다툼이 잦았고 자기보다 약자인 아이들을 계속 괴롭혔다. 이것은 내적으로 욕구불만이 많은 아이에게서 주로 나타나는 행동이었다. 하지만 선입견으로 아이를 대하거나 단정 짓고 부모에게 접근하다 보면 해결되기보다는 부작용이 생기기도 한다.

그러던 어느 날이었다. 준석이가 조금 늦은 시간에 엄마와 걸어서 등원을 했다. "오늘은 엄마랑 걸어왔구나. 올라가자 준석아! 어머니도 좋은 하루 보내세요!"라며 담임은 준석이를 교실로 데려갔다. 가방과 옷을 정리하는 것을 지켜보던 담임은 준석이 목을 보고 깜짝 놀랐다. 얼굴과 이어지는 목 부위에 빨갛게 손자국이 나 있었다. 누가 봐도 손으로 맞은 자국이었다.

담임은 조용히 준석이의 손을 잡고 상담실로 데리고 갔다. 준석이 목을 한번 살피고 윗옷을 걷어 봤다. 등에도 퍼렇게 멍이 들어 있었다. 담임은 준석이를 한참 동안 꼭 안아 주었다. 그리고 약통을 가져와 부어 있는 상처 부위에 약을 발라 주며 물었다.

"많이 아프지? 누구한테 맞았어?"

처음엔 고개를 숙이고 말이 없다가 담임이 약을 바르고 다시 안아 주자 준석이는 담담한 목소리로 답했다.

"엄마, 아빠한테 맞았어요."

"준석이가 잘못해서 맞은 거야?"

"말 안 듣는다고 때렸어요."

"오늘 처음 맞은 거니?"

"아니요."

담임은 그동안 준석이가 친구들과 다투고 약한 아이들을 괴롭힌 이유를 비로소 알게 되었다. 그날 오후 담임은 아이들을 보내고 준석이 엄마와 그 일로 통화를 했다. 하지만 준석이는 다음 날부터 오지 않았고 더 이상 소식을 알 수 없었다.

부모의 강압적인 태도나 학대는 아이를 위축시키고 욕구불만을 갖게 한다. 그것이 쌓이면 아이는 그 분노를 약자인 또래 아이들에게 분출하게 된다. 또 생활에서 학대나 폭력을 겪은 아이는 잠재의식 속에 그것을 자연스럽게 받아들인다. 성인 폭력자 다수가 어릴 적 가정에서 폭력을 당한 경험이 있다는 연구 결과는 공공연한 사실이다.

요즘 뉴스에 나오는 어린이집 폭력 교사도 스스로 해결하지 못하는 욕구불만이 많거나 어릴 때 원만하지 못한 가정에서 자란 것은

아닐까 하는 생각이 든다. 부모가 화가 난다고 해서 아이를 때리면
그 자식이 폭력범이 될 수도 있다.

# 3

✩
✩✩

# 자존감을 잃으면
# 아이는 무너진다


아이들은 부모의 말 한마디에 자신감을 얻기도 하고 잃기도 한다. 좋은 말을 들려준 물과 나쁜 말을 들려준 물의 입자 모양이 다르게 나타났다는 연구 결과에 대해 알고 있을 것이다. 하물며 화초나 꽃도 좋은 말을 해주면 생명력이 길어진다.

일본에서 프리랜서 작가로 유명한 이시카와 다쿠지가 쓴 『기적의 사과』에는 무농약 사과 재배로 유명한 기무라 아키노리 씨의 이야기가 나온다. 기무라 아키노리 씨는 농약을 주지 않고 사과를 재배하고 싶었다. 그리고 수많은 실험, 실패, 절망을 견디며 8년을 고생한 끝에 결국 농약을 뿌리지 않은 기적의 사과를 만들 수 있었다.

기무라 아키노리 씨는 사과나무와 대화한 것으로 유명하다. 사과나무에 몇 년간 농약을 치지 않자 병충해로 사과나무가 죽어 가기 시작했다. 그는 궁여지책으로 사과나무와 대화를 시도했다. 기무라 아키노리 씨의 이야기를 들어 보자.

••그때는 사과나무에 부탁을 하며 다녔지. 사과나무가 점점 약해졌으니까. 아마 뿌리까지 못 쓰게 되었을 거야. 살짝 밀기만 해도 나무가 흔들흔들했거든. 그런 상태라면 이내 말라서 죽어버릴 것 같았지. 사과나무 한 그루 한 그루를 돌며 고개를 숙이고 사과했어. '힘들게 해서 미안합니다. 꽃을 안 피워도, 열매를 안 맺어도 좋으니 제발 죽지만 말아 주세요.'라고 사과나무에게 말을 건넸어. 그때는 뭘 해야 좋을지 막막했으니까.••

그렇게 대화를 한 사과나무는 살아나고 그렇지 않은 나무는 죽었다고 한다. 하물며 사람은 어떻겠는가? 유아기 때부터 좋은 말과 격려의 말을 듣고 자란 아이는 어떤 일에도 좌절하지 않고 꿋꿋이 이겨 낼 수 있는 면역력이 생긴다. 반면 거친 말이나 욕설, 수치심을 주는 말이나 자신감을 꺾는 말을 듣고 자란 아이는 무슨 일을 하든지 자신감이 부족하고, 작은 일에도 분노를 표출하는 충동적인 아이가 된다.

## 아이에게 수치심을 심어 주지 마라

\*\*\*

　유아교육기관은 연간 계획에 맞춰 아이들을 위한 크고 작은 행사를 한다. 그중에서 부모참여 수업은 어린이집에 아이를 보내고 궁금해하는 부모들에게 자녀의 생활을 알리기 위한 프로그램이다. 아이들에게는 자신의 존재감을 가족에게 확인받는 시간이기도 하다. 행사 날짜를 정하면 가정에 일정을 알리고 신청서를 보낸다. 아이들을 위해 한 가족도 빠짐없이 참석해 달라는 부탁도 덧붙인다.

　어린이집에서는 가족과 함께할 수 있는 활동을 계획하고 순서를 정한 뒤, 필요한 물품을 준비한다. 이 행사를 위해 교사들은 한 달 전부터 바삐 움직인다. 낮에는 아이들을 교육하고 퇴근 시간 이후에 남아서 준비하느라 분주한 나날을 보낸다. 아이들은 적극적이고 기대에 찬 모습을 보인다. 행사 전날 담임은 아이들과 손가락을 걸고 약속한다.

　"얘들아! 우리 내일 부모님이 오셨을 때 씩씩하고 당당하게 그동안 배운 모습을 마음껏 보여 주자."

　"네!"

　행사 당일 아침, 일찍 출근한 교사들은 그동안 준비하고 계획한 대로 일사불란하게 움직인다. 먼저 온 가족들을 위해 간식을 준비하는가 하면, 조용한 음악을 틀어 편안하고 따뜻한 분위기를 조성한다. 가족을 맞이할 준비가 끝날 즈음, 한 가족 두 가족이 도착하기 시작한다. 명단 확인, 방명록 기재, 명찰 부착을 순서대로 하고 나면 교실로 안내한다. 가족들이 다 모이면 간단한 안내와 준비 체조로 행사를 시작한다. 준비한 프로그램에는 '온 가족 패션 사진 찍기', '아이와 함께 요리하기', '가방 만들기', '아빠와 함께 체력 단련', '학습 발표 시간' 등이 있다.

시작 전에 담임은 아이들에게 프로그램 순서표 목걸이를 나누어 준다. 프로그램을 마칠 때마다 그곳에 담당 교사 도장을 받는다. 첫 번째 만들기 코너는 부모님과 함께 가방을 만드는 시간이다. 고사리 같은 손으로 무언가를 만드는 모습을 보는 내내 대견하고 예뻐서 눈물을 글썽이는 아빠들도 있다. 한쪽에서는 만들기에 관심이 없는 자녀를 위해 부모님이 대신 만들기도 한다.

두 번째 체력 단련 시간은 강당에서 진행된다. 아빠들은 아이를 업거나 안고 뛴다. 무섭다며 하지 않으려는 아이도 있고, 남남처럼 어색한 부자도 있다. 끝나고 나면 아빠들은 몸은 힘들었지만, 그동안 느끼지 못한 찐한 감정을 아이에게 느꼈다고 고백한다.

학습 발표를 하는 시간에는 아이들의 모습을 부모들이 지켜볼 수 있다. 이때 자녀에 대한 부모의 욕심을 한눈에 알 수 있다. 자녀가 손을 들어 자기 의견을 발표하면 감동하고 대견스러워한다. 손을 들고 일어났는데 발표를 못하면 대신 해 주고 싶어 안타까워한다. 손도 못 들고 고개만 숙이고 있는 자녀를 보고는 화가 나고 속상한지 얼굴이 붉으락푸르락한 엄마들도 있다. 아이들보다 부모들이 더 애

타는 모습이다.

참여수업 마지막에는 색색이 다양한 디자인 가발을 쓰고 가족사진을 찍는다. 남들 앞에서 가발을 쓰고 처음 찍는 가족사진이라서 쑥스러워하면서도 얼굴엔 행복이 고스란히 묻어난다. 참여 활동이 끝난 가족은 목걸이 활동표를 담당 교사에게 제출함과 동시에 선물을 받고 마무리한다.

참여수업에 온 부모들은 아이가 어린이집에서 지난 몇 달 동안 어떻게 생활했는지 한눈에 볼 수 있고, 아이와 함께해서 좋았다며 뿌듯해한다. 그동안 바빠서 못해 준 부모 역할을 할 수 있는 기회였다며 만족해하는 부모들도 많다. 가족이 함께한 참여수업은 부모들에게 많은 것을 깨닫게 해주는 특별한 행사다.

다음 날에는 전날 행사에 대해 아이들과 이야기를 나눈다. 그런데 아이들의 이야기를 듣다 보면 "너 때문에 엄마가 창피했어. 너는 왜 손도 못 들고 발표도 못하니? 다른 애들은 잘만 하던데 너는 왜 그 모양이니?"라고 말하며 아이를 주눅 들게 만드는 부모를 발견할 수 있다.

부모 참여수업은 현재 내 아이 발달 수준이 어느 정도인지, 또래처럼 잘 자라고 있는지를 부모가 눈으로 확인하는 시간이다. 또 아이를 위해 부모 역할을 제대로 하고 있는지 돌아보는 날이기도 하다. 신체발달이 또래에 비해 늦으면 어떻게 할까, 학습능력이 떨어지면 어떻게 도와줄까, 사회성이 떨어지면 어떻게 해 줘야 할까를 고민하는 시간이다. 시기를 놓치지 말고 육아에 마음을 쓰라고 부모에게 숙제를 주는 날이다.

대개 큰 행사에서 자신 있게 못 나서는 아이들은 완벽을 요구하거나 칭찬과 격려를 해 주지 않는 부모 밑에서 자라는 아이들인 경우가 많다. 자신감이 부족하고 지나치게 순종적이어서 남 앞에 나설 용기를 내지 못하는 것이다. 또한 평소에 관심을 받지 못하고 자란 아이들은 이런 행사 때 분별없이 나서려고 한다. 자신을 알아 달라는 일종의 자기표현을 하는 것이다.


## 아이의 자신감을 무너뜨리지 마라
***

나윤이는 귀엽다기보다는 예쁘다는 표현이 더 잘 어울리고 여성스러움이 묻어나는 여섯 살 여자아이였다. 나윤이는 몸에 맞는 짧은 꽃 프릴이 달린 치마와 레이스 장식을 한 옷을 즐겨 입었다. 얼굴이 조막만 하고 눈은 크지 않지만 눈망울이 초롱초롱해 어떤 일에도 당당하게 말할 것 같은 똑떨어지는 외모였다.

그런데 막상 영역 활동을 할 때나 또래들과 어울리는 모습을 보면 소심하게 행동했다. 의욕도 없고 자신감도 없었다. 시키지 않으면 스스로 손을 들고 발표하는 법이 없었다. 또래 여자아이들이 모여 수다를 떨 때도 나윤이는 자기를 드러내기보다는 늘 한 발 물러나 있었다. 그래서 원래 성격이 그런가 싶어 그냥 지켜보기도 하고, 때로는 너무 소심해질 것 같아 일부러 발표를 시켜 보기도 했다.

하루는 종일반 시간에 나윤이가 친구들과 하는 이야기를 담임이 듣게 되었다.

"우리 엄마, 아빠는 내 동생만 예뻐해. 동생이 없어졌으면 좋겠어."

'그랬구나! 그래서 나윤이가 의욕도 없고 자신감이 없었구나!' 라고 생각한 담임은 그 후 나윤이에게 더 많은 신경을 쓰고 더 자주 안아 주었다. 나윤이에게 다음과 같은 말도 잊지 않았다.

"나윤이가 아기였을 때는 엄마, 아빠가 동생처럼 나윤이를 예뻐했어. 나윤이는 이제 혼자서 밥도 먹을 줄 알고 기저귀도 안 차고 어린이집에도 오잖아. 동생은 혼자서는 밥도 못 먹고 기저귀도 찰 줄 몰라서 엄마, 아빠가 동생을 챙기는 거야. 엄마, 아빠는 나윤이를 많이 사랑해. 알았지?"

그리고 나윤이 엄마와 전화 상담도 했다.

"나윤이는 부모님이 동생만 예뻐해서 속상한가 봐요. 동생이 없어졌으면 좋겠대요. 나윤이는 자기 사랑이 동생한테 모두 간다고 생각하는 것 같아요. 나윤이가 서운하게 느끼지 않게 신경 많이 써 주세요."

"나윤이가 그래요? 동생이 없어졌으면 좋겠다고요?"

"네."

"집에서는 동생하고 잘 노는데 이상하네요."

"그래요? 사실은 수업 시간이나 또래들하고 어울릴 때에도 기가 많이 죽어 있어요. 동생이 생겨서 그런 게 아닌가 하는 생각이 들어 어머니께 전화했어요."

"네. 알겠어요, 선생님."

하지만 전화 상담 후에도 나윤이의 성격이나 행동은 크게 나아지지 않았다. 엄마도 나윤이와 동생까지 키우느라 힘들 거라는 생각이 들어 담임이 조금 더 신경 쓰고 관심을 가졌다.

그러다 아주 우연한 기회에 그 원인을 알 수 있었다. 추석 명절을 며칠 앞두고 어린이집에서는 아이들과 전통 민속놀이인 제기차기, 투호, 씨름, 윷놀이 따위를 한다. 고사리 같은 손으로 송편을 빚기도 한다. 앞치마를 하고 머리에는 수건을 두르고 준비해 놓은 반죽을 조금씩 잘라서 작은 손으로 비빈다. 앞치마에 반죽이나 송편소를 묻히고 책상 바닥에 흘리기도 하지만 재미있어 한다. 그러고 나면 준비한 송편을 예쁜 바구니에 담아서 집으로 가져간다.

다음 날이면 교실은 어제 가져간 송편 이야기로 아침부터 와자지껄하다. 나윤이 반 친구들도 한 명 한 명 발표를 했다. 엄마랑 먹었다는 친구가 있고, 할머니, 할아버지랑 먹고 용돈까지 받았다며 자랑하는 친구도 있었다. 아빠 혼자 맛있게 다 먹었다는 친구도 있었다. 그런데 나윤이는 자기 차례가 되자 아무 말도 하지 않은 채 서 있기만 했다.

"나윤아! 우리 나윤이는 송편 누구랑 먹었어?"

"……"

나윤이는 말없이 고개만 숙이고 있었다.

"우리 나윤이는 혼자 먹었을까?"

담임 선생님의 말이 끝나기가 무섭게 나윤이는 '으앙' 하고 울음을 터트렸다. 당황한 담임선생님은 얼른 나윤이를 데리고 교실 밖으로 나갔다.

"왜 속상한 일이 있니, 나윤아? 괜찮으니까 선생님한테 말해 봐."

"엄마가 송편이 더럽다고 쓰레기통에 다 버렸어요."

나윤이는 그 말을 하고도 한참을 담임 품에서 울었다. 어린 나윤이는 자존감을 짓밟힌 아이처럼 서럽게 울었다.

유아기 때 가정에서 사랑받고 인정받는 아이는 세상 모든 사람들도 자기를 사랑해 주고 인정할 것이라 믿으며 자신을 당당하게 내보인다. 반면 사랑과 인정을 받지 못하고 자란 아이는 다른 이들 모두 부모처럼 자신을 믿어 주거나 인정해 주지 않을 것이라고 지레짐작한다. 이러한 두려움이 자신을 드러내지 못하게 하고 움츠리게 만들어 소심한 사람으로 성장시킨다.

자신을 소중한 존재라고 여기는 자존감은 대부분 여덟 살까지 형성된다고 한다. 자존감은 크면서 남들 앞에 당당히 나설 수 있는 자신감이 된다. 유아기 때 부모에게 받는 사랑과 존중은 아이가 건강하고 밝게 자라는 데 가장 필요한 영양분이 된다.

## 아이의 의욕을 꺾지 마라

★★★

누구나 칭찬을 들으면 기분이 좋아지고 하는 일에 의욕이 생기게 마련이다. 인간에게는 인정받고 존중받고 싶은 욕구가 있기 때문이다. 더구나 아이들은 어른보다 칭찬에 약하다.

그러나 진심이 아닌 칭찬이나 건성으로 하는 칭찬은 아무런 효과도 없다. 아이들이라 모를 것 같지만 그것은 오해다. 자기를 좋아하고 예뻐하는 것은 강아지도 안다. 하물며 아이들은 어떻겠는가.

민지 엄마는 늘 바빴다. 직장에 다니는 것은 아니었지만 지역사회에서 이런저런 봉사활동을 많이 했다. 얼마 전에는 부녀회 총무 일까지 맡으면서 집에 붙어 있는 날이 없었다. 그래도 민지가 종일반을 끝내고 오는 시간에는 집에 있으려고 노력했다.

그러던 어느 날이었다. 갑자기 모임 회원의 아버지가 돌아가셨다는 연락을 받고 급하게 나갈 채비를 하게 되었다. 외출을 앞두고 화장을 고치고 있는데 마침 하원한 민지가 집으로 뛰어 들어오며 엄마를 불렀다.

"엄마!"

민지는 웃고 있었고 손에는 스케치북이 들려 있었다.

대답을 하지 않는 엄마를 향해 민지는 다시 한 번 엄마를 불렀다.

"왜? 무슨 일 있어?"

"응, 엄마. 오늘 어린이집에서 그림을 그렸는데 선생님이 잘 그렸다고 칭찬해 주셨어. 나는 커서 화가가 될 거야!"

이렇게 말하는 민지의 얼굴에는 자랑스러움과 뭔가를 해냈다는 뿌듯함이 서려 있었다. 엄마의 칭찬과 격려를 잔뜩 기대하는 눈치였다. 민지는 오늘 칭찬받은 그림을 엄마 앞에 펼쳐 보였다. 그러나 급하게 화장을 마친 엄마는 스케치북을 흘깃 훑어보더니 대수롭지 않게 말했다.

"잘했네. 엄마는 지금 급한 일이 있어서 나가 봐야 하거든. 문 꼭 잠그고 있어. 누가 와도 절대 문 열어 주지 말고."

민지는 어린이집 선생님에게 칭찬받은 것을 자랑하고 싶었고, 엄마에게도 칭찬받고 싶었는데 엄마는 겨우 '잘했네' 한마디만 하고 나가 버렸다. 엄마의 칭찬과 격려를 기대했던 민지는 크게 실망했다.

만약에 이런 행동이 지속적으로 진행된다면 아이의 의욕을 꺾을 수도 있다. 물론 아이가 긍정적이고, 활발한 성격이라면 금방 잊을 수도 있지만, 소심한 아이는 위축되게 마련이다.

유아기 때 양육자의 관심과 긍정적인 칭찬과 격려는 건강하고 자신감 있는 자아를 발달시킨다. 높은 자신감은 자신이 처한 환경과 조건에 능동적으로 대처하면서 자기 능력을 발휘하도록 하는 반면, 낮은 자신감은 자신의 능력을 의심하게 하며, 때로는 두려움으로 인해 과제를 제대로 수행할 수 없게 할 뿐만 아니라 시도를 하려는 의욕 자체를 상실하게 만든다.

영 · 유아기 때 가장 많은 시간을 보내는 양육자의 칭찬과 격려는 아이에게 강한 자신감을 갖게 할 뿐만 아니라 건강하고 긍정적인 사람으로 성장하게 한다. 또한 자신감이 있는 아이는 모든 일에 의욕적일 뿐만 아니라 성장 후에도 성공한 삶을 살 가능성이 매우 높다.

다음은 자신감이 삶에 미치는 영향을 정리한 것이다.

* 활동에 적극적으로 참여한다. 맡은 일을 할 때도 마찬가지다.
* 강한 자신감은 장애나 어려움에 부딪혔을 때 극복하려고 노력하며, 새로운 방법을 찾기 위해 지속적으로 노력하는 에너지가 된다.
* 스트레스를 받더라도 집중력을 잃지 않는다. 어려움에 직면해도 장애물이나 문제에 초점을 두지 않고 문제 해결이나 과제에 초점을 둔다.
* 과제 해결 방안을 머릿속으로 상상하며, 거기에 집중한다. 또한 열정적으로 노력하며 흥미를 잃지 않는다.
* 일이 시작된 후 일이 꼬이더라도 불안감에 휩싸이지 않는다.


## 아이의 질문에 제대로 대응하라
**★★★**

다음은 『아이들에게 상처를 주는 101가지 말과 행동』에 나오는 내용이다.

•• 아이들이 3세가 되고 언어가 발달하게 되면 질문이 많아진다.

'뭐야?', '어떻게?', '왜'라는 질문에 대해 부모가 어떤 반응을 보여주느냐에 따라 아이들의 지적 호기심이 계속 발달하느냐 안 하느냐가 결정된다. 아이들의 질문 범위는 매우 다양하고 광범위하다. 어른들이 흔히 당연하게 알고 있는 것에서부터 알쏭달쏭한 것 그리고 어른들마저 알고 있지 못하는 문제에 이르기까지 아이들은 궁금해한다.●●

따뜻한 봄날, 엄마와 아이가 함께 공원을 걷고 있다. 엄마 손을 잡고 깡충거리는 아이의 발걸음은 봄 기운 못지않게 발랄하다. 아이는 막 꽃봉오리가 맺힌 들꽃을 보고 달려가기도 하고 새순이 돋은 나무를 무슨 진기한 보석이라도 보듯 유심히 들여다본다.

엄마는 가끔 아이가 '출입 금지' 팻말이 붙은 잔디밭으로 뛰어들어가거나 꽃을 꺾으려 할 때마다 쫓아가 말린다.

"그러면 못써. 꽃은 이렇게 가만히 들여다보는 거야. 함부로 꺾으면 다른 사람들이 꽃을 볼 수가 없잖아."

그러면서도 엄마의 얼굴에는 흐뭇한 미소가 가득하다. 아이는 이제 막 꽃망울을 터뜨리는 연분홍빛 진달래를 보고 달려간다. 그리고 한참을 들여다보더니, "엄마, 근데 왜 꽃 색깔하고 이파리 색깔이 다른 거야?" 하고 진지한 얼굴로 엄마에게 묻는다.

"꽃은 꽃이고 이파리는 이파리니까 그렇지."

엄마는 당연한 것을 가지고 뭘 물어보느냐는 얼굴이다.

"엄마, 하늘은 왜 파래?"

"엄마, 바닷물은 왜 짠 거야?"

아이들의 질문은 끝이 없다. 아이들의 질문은 부모들이 이미 알고 있는 것, 생활 속에서 너무나 당연하게 여겨져 질문할 필요조차 느껴 보지 못한 것들도 많다. 어른들에게는 당연하게 여겨지는 것도 아이들에게는 궁금하기 짝이 없는 일일 수 있다. 이러한 궁금증은 아이가 논리적이고 창의적으로 사고하는 데 중요한 밑거름이 된다.

그런데 부모가 그저 아이의 질문에 대해 '당연한 사실'이라는 비논리적이고 성의 없는 대답만 한다면 어떻게 될까? 아이의 호기심은 꺾이고 만다. 아이의 질문에 "하늘이니까 파랗지."라는 대답보다 "글쎄, 하늘이 왜 파랄까? 참 좋은 질문인데 엄마도 잘 생각이 나지 않는구나. 우리 집에 가서 함께 백과사전을 찾아볼까?"라고 대답하는 것이 아이의 호기심을 훨씬 더 유발할 수 있다.

아이들을 창의적으로 키우고 싶은가? 우리는 보통 창의력을 타고나는 것으로 잘못 알고 있다. 더구나 지능지수가 아주 높은 소수 사람만이 창의적인 활동을 할 수 있다는 왜곡된 믿음을 가지고 있다.

그러나 심리학자인 조이 길포드Joy P. Guilford는 창조성과 지능이 똑같은 것이 아니라고 주장했다. 길포드가 생각한 창조성의 핵심 개념은 '발상적 사고'다. 표준적인 지능검사에 의해 똑똑하다고 인정된 사람들은 주어진 자료나 문제에 대해 항상 올바르지만 상투적인 대응법을 생각해 낸다. 반면 창조적인 사람들은 어떤 자극을 받거나 문제를 만나면 아주 다양한 연상을 하는 경향이 있으며, 그중 일부는 매우 유별나고 엉뚱하기까지 한 반응을 보인다.

많은 창의력 전문가들의 주장에 따르면, 이러한 창의성은 타고나는 것이 아니라 교육과 훈련으로 가능하다고 한다. 그렇다면 무엇을 교육하고, 무엇을 훈련해야 할까? 질문이 가장 효과적인 훈련법이다. 모든 창의적인 행위는 호기심 많은 질문으로 시작하기 때문이다. 다음과 같은 질문들은 우리의 상상력을 자극한다.

'왜 이럴까?'

'원인은 무엇일까?'

'무엇이 다를까?'

'다른 방법은 없을까?'

'더 좋은 방법은 없을까?'

이런 질문을 계속하면서 사물을 관찰하고, 뒤집어도 보고, 쪼개도 보고, 거꾸로 보기도 하면서 창의력은 길러진다. 예를 들어, 아이에게 이런 질문을 한번 해 보자.

"만약 유치원에 갔다 오다 집을 못 찾으면 어떻게 해야 할까?"

어떤 아이라도 이런 질문을 받으면 생각을 할 것이다. 아이들은 '전화를 할까?', '경찰서에 가서 찾아 달라고 할까?', '아는 사람이 지나가면 물어볼까?'와 같은 생각을 하며 창의력을 기르게 된다. 그러니 아이들이 질문하면 곧바로 답을 알려 주기보다 아이에게 되물으면 창의력을 기를 수 있다. 예를 들어, "엄마, 왜 가을이 되면 나뭇잎이 떨어지는 거예요?"라고 아이가 질문하면 답을 말하려 하지 말고 아이에게 다시 물어보라. "너는 왜 나뭇잎이 떨어진다고 생각하니?" 하고 질문하면 아이는 생각을 하게 된다. 아이는 이런저런 이유를 생각해 보며 창의력을 기르게 된다.

유대인들은 자녀에게 질문을 많이 하도록 가르친다. 우리는 아이들이 학교에 갈 때 "선생님 말씀 잘 듣고 와!"라고 하는데 유대인들은 "질문 많이 하고 와!"라고 말한다. 유대인들에게 질문은 어릴 때부터 몸에 밴 습관이다. 이런 질문 습관은 유능한 유대인을 많이 길러 냈다.

질문은 결국 생각하는 힘을 길러 주는 교육이다. 이들 교육은 일방적인 주입식, 암기식으로 시험만 잘 보면 된다는 식의 우리 교육과는 다르다. 유대인 교육의 가장 큰 특징은 '생각' 하게 한다는 점이다. 체계적이고 논리적으로 생각하여 스스로 원리를 깨닫게 한다. 이런 교육 과정에서 질문은 아주 중요하다. 끊임없이 질문하고 토론하는 수업은 아이들에게 즐겁고 재미있는 공부가 된다.

학교도 중요하지만 질문하는 습관은 가정에서도 길러 줄 수 있다. 아이들은 5~7세가 되면 궁금한 것이 많아진다. 이때 아이들의 엉뚱한 질문은 종종 어른들을 당황하게 한다. 엉뚱한 질문을 받은 어른들은 당황한 나머지 "쓸데없는데 신경 쓰지 말고 저리 가서 놀아!"라며 윽박지르거나 무시해 버린다. 또한 아이들의 호기심이라는 게 전혀 예상치 못한 것들이고, 알긴 알아도 딱히 설명할 방법을 찾지 못할 때도 있다. 이런 경우에 많은 어른들이 "귀찮으니까 네 엄마(아빠)에게 물어봐."라고 할 것이다.

이러한 경험을 반복하면 아이들은 자라면서 '질문은 나쁜 것'으로 오해하게 된다. 질문을 잘못하면 혼나거나 멍청한 아이가 된다면 질문할 까닭이 없다. 가만히 있으면 중간은 가는데 괜히 질문하여 멍청이가 될 필요는 없다고 생각하지 않겠는가.

그러므로 아이들에게 질문을 많이 하게 하려면 대답을 잘해야 한다. 아이들의 질문에 대답하는 데는 몇 가지 원칙이 있다. 어떻게 답변하느냐에 따라 아이들의 창의력이 자랄 수도 있고 창의력의 싹이 싹둑 잘릴 수도 있다.

아이들 질문에 대답하는 첫 번째 원칙은 아이 수준에 맞추어 알기 쉽게 답변하는 것이다. 아이 때는 일 년 일 년의 차이가 매우 크다. 나이에 따라 지적 수준이 다르기 때문에 그 수준에 맞춰 설명해야 한다. 어린아이들이 자주 하는 질문 가운데 하나로 "아이는 어떻게 나오는 거예요?"가 있다. 이런 질문을 5세 아이가 했다면 굳이 임신과 출산을 길게 설명한다고 해서 아이가 이해하는 것이 아니다.

아이들 질문에 대답하는 두 번째 원칙은 아이의 질문에 비웃지 말고 진지하게 대답해야 한다는 점이다. 아이들의 질문은 어른들이 보기에 어이없거나 엉뚱한 것이 많다. 그렇다고 해서 "시끄러워, 쓸데없는 것 궁금해하지 말고 저리 가!", "지금 피곤하니까 그런 거 묻지 말고 나가 놀아!"라고 한다면 아이들은 더 이상 질문하려고 하지 않을 것이다.

주변에 초등학교 고학년이 됐는데 유난히 말이 없는 아이가 있다. 묻는 말에만 어쩔 수 없이 대답하고 입을 다물어 버린다. 처음엔 그냥 내성적인 성격이라 그러리라고 했는데 증세가 너무 심해 병원에 갔더니 언어 거부증이라는 진단이 내려졌다고 한다. 부모는 잘 기억하지 못하겠지만 이런 아이들은 대개 부모나 선생님에게 질문했을 때, 비웃어 버리거나 성의 없이 반응한 후로 겁이 나거나 거부감이 생겨 이런 증세를 보인다고 한다.

아이들 질문에 대답하는 세 번째 원칙은 질문하는 즉시 대답해 주고 잘 모르겠다면 참고자료를 찾아 가며 설명하는 것이다. 아이가 질문했을 때 "지금은 바쁘니까 다음에 다시 물어봐."라고 반응하는 것은 아이의 지적 호기심을 떨어뜨리는 지름길이다. 아이는 시간이 지나면서 자신이 무엇을 궁금해했는지를 잊어버린다. 혹 아이의 질문이 너무 어려운 것일 수도 있고, 어렵지 않더라도 갑자기 생각이 안 날 때도 있을 것이다. 이럴 때는 자료를 찾거나 실물을 함께 관찰하는 방법이 좋다.

# 4

★
★

# 사랑과 관심은
# 부족하거나 과하면 안 된다

뉴욕타임스 칼럼니스트인 데이비드 브룩스David Brooks가 쓴 『소셜
애니멀』에는 다음과 같은 사례가 나온다.

•• 1945년에 오스트리아의 정신과 의사 르네 스피츠가 미국 고아원
을 대상으로 연구를 했다. 고아원은 세심하게 관리되어 있었고 청
결했다. 아기 8명에 간호사 1명씩 배정되어 있었다. 고아원 아이들
에게는 영양도 충분히 공급되었다. 그러나 아기들을 하루 종일 혼자
있게 했다. 병원균에 노출시키지 않기 위한 배려였다. 침대 시트는
항상 깨끗하게 유지했다. 이처럼 청결한 위생 상태에도 불구하고 고
아원에 있던 아기들 가운데 37%가 만 두 살이 되기 전에 사망했다.

이 아기들에게는 살아가는 데 절대로 필요한 한 가지가 없었던 것이다. 그것은 바로 애정 어린 접촉이었다.••

영국의 정신분석학자 J. M. 볼비는 애착이란, '사랑하는 사람과 관계를 맺고 유지하는 것'이라고 정의했다. 이런 애착 관계의 대표적인 예가 바로 엄마와 아이 사이다. 아이가 태어나서 부모의 사랑을 요구하는 것은 생존 본능이다. 본능적으로 부모의 사랑을 받으려는 욕구가 있는데, 그 욕구를 채울 수 없거나 애착이 충족되지 않으면 아이는 스트레스를 받고, 결국 발달에도 문제가 생긴다.

아이가 8개월에서 돌 정도 지나면서 분리 불안 증세를 보이는 것은 정상이다. 양육자와 절대 떨어지지 않으려 하고 낯가림을 하는 것은 발달과정에서 나타나는 정상적인 현상이다. 그러나 적응 기간이 지나도 낯가림이 심해 부모에게만 매달리려 한다면 양육자와 건강한 애착 관계가 형성되지 않아 불안과 스트레스를 느끼고 있다는 뜻이다.

아이는 출생 후 3년 동안 어떤 경험을 하고 어떤 애착 관계를 형성하느냐에 따라 기본적인 정서가 형성된다고 해도 과언이 아니다. 엄마의 사랑을 애타게 기다리는데 무관심하고, 보고 싶다고 울어도 돌봐 주지 않으며, 따뜻한 엄마의 품을 원하는데 안아 주지 않는다면 아이는 양육자에 대한 신뢰감을 가질 수 없다. 자랄 때 아이가 보내는 신호를 받아 주지 않는다는 것은 발달에 필요한 영양분을 주지 않는 것과 같다. 그로 인해 언어발달이나 인지발달, 신체발달이 늦어질 수도 있다.

불완전한 애착을 형성하는 아이의 부모는 대부분 아이의 마음을 헤아리지 못한다. 시간이 지나면 아이는 저절로 큰다는 생각을 가지고 있는 듯하다. 처음 어린이집에 입학할 때 대부분의 아이는 분리불안 증세를 조금씩 가지고 있다. 하지만 가정과 어린이집에서 신경 쓰고 신뢰감을 주면 스스로 극복할 힘이 생겨 자연스레 사라진다.

실제로 오랜 기간 동안 불리 불안으로 힘들어하는 아이가 있었다. 시간이 지나도 그 증상이 사라지지 않아 관찰해 보았더니 엄마의 양육 태도에 문제가 있었다. 엄마의 생활이 너무 바빠 아이와 신뢰감이 형성되지 않았고 아이의 행동이나 요구에도 별다른 관심을 주지 않았던 것이다. 아이는 엄마와 떨어지는 것을 극도로 싫어하고 불안해했고 어린이집에서 하는 어떤 활동에도 즐겁게 참여하지 않았다.

첫아이의 엄마였던 그녀는 사랑을 주는 것에도 서툴 뿐 아니라 아이가 무엇을 요구하는지, 아이의 행동에 어떻게 표현하고 반응해야 하는지 모르고 있었다. 부모가 아이 행동에 반응하지 않거나 아이에게 사랑을 표현할 줄 모른다면 무관심이나 방임하에 자라는 것과 별반 다르지 않다. 결국 아이의 지속되는 분리 불안 증세의 원인은 부모의 양육 태도에 있었다. 영아기에 받아야 할 부모의 사랑과 관심이 부족해서 정신적, 육체적으로 성장과 발달이 지연되고 있었던 것이다.

## 행동에 대한 반응이 아이의 정서를 결정한다
***

지금은 초등학생이 된 쌍둥이 형제 재민이와 재원이는 네 살 때 어린이집에 입학했다. 이란성쌍둥이라 형과 동생의 구분이 쉬웠다. 또래들과 어울릴 수 있는 환경이 필요하다는 생각에 엄마는 가까운 어린이집을 선택했다며 엄마는 두 아이의 상황을 모두 이야기해 주었다. 둘 다 몸이 약했고, 특히 큰아이는 또래에 비해 발달과정이 늦다는 의사 소견도 받았다고 했다.

엄마는 형 재민이가 그렇게 된 것이 자기 탓이라며 속상해했다. 쌍둥이가 태어나면서부터 엄마는 편할 날이 없었다. 그중 작은아이가 엄마를 더 힘들게 했다. 잠도 안 자고 잘 울어서 늘 동생에게만 신경을 썼다. 작은아이는 우유도 조금만 먹고 안아 주어야 겨우 짧은 잠을 잤다. 또 깨어 있으면 안아 달라고 보채 팔에 달고 있을 정도였다.

그나마 다행인 것은 몇 분 빨리 태어난 형 재민이는 우유만 먹으면 잘 잤다는 것이다. 또 일어나도 칭얼대지 않고 혼자서 잘 놀았다. 엄마는 한 명이라도 순둥이라 감사하다고 생각했다. 재민이가 옹알이를 할 때도 재원이를 돌보느라 받아 주지 못했다. 아이의 행동이나 표현에 그때그때 적절한 반응을 해 주지 못한 것이다. 돌이 지나말을 시작할 때도 반응해 준 기억이 많지 않았다. 반면 예민해서 함께 있는 시간이 많은 재원이에게는 행동의 변화가 있을 때마다 반응해 주었다.

두 돌이 지나서 큰아이를 본 주변 사람들이 병원에 가 보라고 했다. 병원에서 작은아이는 별 문제가 없다고 했지만 큰아이는 또래에 비해 발달이 늦다며 더 확실한 진단을 위해 몇 가지 검사와 양육법에 대한 상담이 필요하다고 했다. 엄마는 한동안 충격을 받고 말문을 잃었다. 검사를 받고 상담을 하고 난 뒤 엄마는 육아에 대해 아는 것도 없이 쌍둥이를 키우는 데 급급했던 자신의 모습이 떠올랐다고 한다.

아이가 옹알이를 할 때는 엄마가 긍정적인 반응을 보여야 한다. 그래야 유대 관계가 깊어지고 아이의 언어발달이 촉진된다. 재민이 엄마는 둘째를 돌보느라 큰애에게 시기에 맞는 적절한 반응을 해 주지 못했다. 말을 못하는 시기라도 그때그때 엄마의 긍정적인 반응이 아이의 발달에 중요하다는 사실을 몰랐기 때문이다.

다행히 동생 재원이는 입학하고 나서 얼마 지나지 않아 또래들과 잘 어울리고 학습 활동도 잘 따라갔다. 하지만 형 재민이는 동생과 달리 인지 능력이나 학습 태도가 또래에 비해 많이 뒤처졌다. 등원 시간에 엄마와 떨어지는 것도 싫어했고, 갑자기 울거나 떼를 쓰는 행동도 보였다. 또 입학 후에는 또래와 관계를 잘 맺지 못하고 애정 욕구가 강했다.

아이의 문제를 알고 난 후 재민이 엄마는 어떤 조언도 마다 않고 받아들였다. 또 일과가 끝나면 담임선생님과 매일 전화로 상담을 했다. 담임선생님과 엄마의 노력으로 재민이는 하루가 다르게 좋아졌다. 담임선생님도 엄마도 보람 있고 뿌듯해했다. 아동상담심리센터에도 규칙적으로 잘 다녔다. 다행히 결정적 시기가 지나지 않아 정상적으로 잘 성장했다. 하마터면 엄마와 아이 모두에게 평생 상처가 될 뻔했다.

아이들은 말로 표현하는 데 서툴기 때문에 손짓, 몸짓, 표정으로 자신의 감정을 표현한다. 그 표현을 알아주고, 받아 주고, 채워 주면 정서적으로 안정되고 긍정적으로 성장한다.


## 작은 약속들이 아이와의 신뢰감을 형성한다
***

두 돌이 지난 현민이는 입학 상담을 왔을 때부터 나이에 비해 왜소해 보였다. 엄마와 떨어지는 연습이 안 된 현민이는 연년생 동생까지 있어 늘 불안한 얼굴로 원에 왔다. 누구와도 눈길을 마주치려하지 않았고, 안아 주려고만 해도 울었다. 처음엔 '연년생이라 엄마가 힘들겠구나.', '현민이라도 어린이집에 보내야 엄마가 좀 쉴 시간이 생기겠구나!' 하고 생각했다.

나중에 안 사실이지만 현민이 엄마는 두 아이를 키우는 게 힘들어서 아이를 어린이집에 보내는 것이 아니었다. 돌아다니고 쇼핑하는 것을 좋아해서 현민이를 어린이집에 보낸 것이다. 현민이가 입학 초기부터 불안해하고 엄마와 떨어지지 않으려고 한 이유도 여기에 있었다.

현민이 엄마는 아이가 아직 어린이집에 적응하기도 전인데 끝나는 시간이 되어도 데리러 오지 않는 날이 많았다. 입학하고 조금 지나자 다른 아이들은 잘 적응하는 데 비해 현민이는 자주 울고 불안해했다. 또래들이 집에 가고 나면 현민이만 교실에 남아 엄마를 기다리는 날이 많았다. 집에 갈 시간에 친구들은 엄마가 데리러 와서 가는데, 자기만 못 가고 있을 때면 현민이는 불안해하며 울었다. 엄마를 기다릴 때면 옷을 입은 채 가방을 메고 있겠다며 떼를 썼다.

담임선생님이 현민이에게 장난감이나 책으로 흥미를 느끼게 해 주려 했지만 별 관심이 없었다. 담임선생님도 어디 갈까 봐 옆에만 붙어 있었다. 잘 먹지도 않고, 교실에서는 늘 챙겨 줘야 했다. 스스로 하려는 의욕도 없었다. 선생님이나 또래에 대해서도 관심을 보이거나 감정 표현을 하지 않았다. 그런 현민이가 늘 안쓰러워 담임선생님은 더 안아 주고 더 먹이려고 애를 썼다.

하지만 아이 모습과 달리 엄마는 늘 씩씩했다. 어디를 다니는지 자주 "현민이 차 태우지 마세요. 30분 후에 데리러 원으로 갈게요."라고 했지만 늦게 오는 날이 많았다. 그런 날이 잦다 보니 현민이의 불안 증세는 가시지 않았고, 교실에서도 선생님만 졸졸 따라다녔다. 맛있는 음식을 줘도 안 먹고 재미있는 만화 프로그램을 틀어 줘도 보지 않았다.

그러다 초인종 소리가 나면 재빨리 현관문 쪽으로 달려 나갔다. 그리고는 다른 아이 엄마인 것을 알고는 크게 실망하곤 했다. 이런 아이의 마음을 모르는 현민이 엄마는 전화한 지 두세 시간이 지나서야 오곤 했다. 집에 갈 때 "현민이가 아직 분리 불안 증세가 남아 있으니 어머니가 사랑도 많이 주고 신경도 많이 써 주세요.", "또래에 비해 잘 먹지 않아 작으니까 집에서 많이 먹도록 챙겨 주세요."라고 해도 늘 씩씩한 대답뿐 변화는 없었다.

태어나서 3세 이전까지는 부모와의 애착 형성이 가장 중요하다. 아이가 충분한 사랑을 느낄 수 있도록 신경을 써 줘야 불안감이 사라진다. 정서가 불안정한 아이들은 독립심이나 타인에 대한 존중감이 부족하다. 또한 안정감이 없으니 학습에 대한 집중력도 떨어진다. 그래서 양육자에게 신뢰감을 가질 수 있도록 아이의 불안 요소를 그때그때 해결해 주어야 한다.

어린이집 등·하원 시간도 부모와 아이의 신뢰감 형성에 영향을 미친다. 부득이한 사정이 아니라면 또래들과 함께 일과를 마칠 수 있도록 해 줘야 한다. 아침에 등원하면서 엄마와 헤어지는 시간을 배우고 규칙적인 하원 시간을 통해 다시 만나는 시간을 배워야 한다. 그때 아이는 비로소 불안한 마음을 떨치고 편안하고 안정된 정서를 갖게 된다. 또 부모가 특별한 이유 없이 시간을 못 지켰을 경우 충분한 이유를 아이에게 설명해 주어야 불안해하지 않고, 엄마를 신뢰한다.

아이는 지속적인 관심으로 크는 존재다

***

신학기 적응이 끝나고 날씨가 따뜻해지면 아이들의 발달과 연령에 맞게 야외활동을 하거나 견학을 간다. 야외활동은 교실에서 경험할 수 없는 것을 직접 보고 느낄 수 있을 뿐 아니라 아이들이 학습에 흥미를 갖고 접근할 수 있는 촉진제 역할을 해 생각을 확장하고, 이해력을 발달시키는 데 도움을 준다. 또한 자연을 직접 보고 체험함으로써 자연 현상을 이해하고 순리를 알아 가도록 해 준다. 이러한 단체생활은 질서와 양보, 협동과 배려, 나눔을 자연스럽게 배우는 좋은 기회가 된다.

일반적으로 엄마들은 가까운 곳으로 가는 야외활동에는 간식을, 멀리 가는 견학이나 소풍에는 도시락을 준비한다. 견학갈 때 필요한 준비물은 한 주 전에 가정통신문으로 알린다. 견학 준비물을 챙기려면 아이와 엄마는 바쁘다. 전날부터 엄마는 도시락을 준비하기 위해 아이 손을 잡고 시장에 간다. 그리고 아이가 맛있게 먹을 도시락을 싸기 위해 갖가지 재료와 음료수, 과자, 과일 등을 산다.

직장에 다니는 엄마들은 더 바쁘다. 미리 사 놓을 수 없는 음식이라 야외활동 전날 직장이 끝나고 나서야 부랴부랴 준비한다. 야외활동 당일 아이들은 엄마가 준비해 준 간식과 도시락, 돗자리 등을 넣은 묵직한 가방을 메고 등원한다. 아이들의 얼굴은 들뜬 나머지 홍조까지 띤다. 교실에서 담임은 결석자 명단을 확인한 후 도시락과 간식을 준비해 왔는지 확인한다. 행여나 도시락과 간식 때문에 상처 받는 아이가 없기를 바라는 마음에서다. 만약 간식이나 도시락을 준비하지 않은 아이가 있으면 비상이 걸린다. 사무실로 내려와 원에 있는 빈 도시락에 교사의 김밥을 나눠 싼다. 간식도 별도로 준비한다. 그러고는 아이에게 "혜미야! 엄마가 지금 가져오셨네."라며 아이 가방에 넣어 준다.

교실에서 준비가 끝나면 대기하고 있던 관광버스에 올라탄다. 각 반별로 인원을 확인하고 아이들 한 명 한 명의 얼굴과 컨디션까지 확인한다. 준비가 끝나면 안전 수칙을 이야기하고 야외활동지를 향해 출발한다. 현장에 도착하여 한 시간 정도 돌며 구경을 한다.

그리고 그늘진 곳에 자리를 잡아 아이들을 원 대형으로 앉게 하고, 원 안으로 들어가 아이들 돗자리를 깔아 준 다음 엄마가 싸 준 도시락과 간식을 꺼내 준다. 아이들 모습에서 즐거운 견학이 느껴진다. 도시락 뚜껑을 열고 부모님과 선생님께 감사 기도를 한다. 함께 온 친구들과 즐겁게 먹을 수 있어서 감사하다는 기도도 잊지 않는다.

기도가 끝나면 아이들은 엄마가 싸 준 도시락과 간식을 서로 보고 비교하며 맛있게 먹는다. 조그맣게 한입에 쏙 들어가게 예쁘게 만든 김밥, 큼지막하지만 아이가 좋아하는 재료만 넣어서 싼 김밥, 조그맣게 만든 유부초밥 등 엄마가 준비해 준 도시락은 아이들의 점심시간을 즐겁고 풍족하게 만들어 준다.

그런데 눈에 띄는 몇몇 아이들의 도시락이 있다. 네 살 아이가 먹을 김밥을 너무 크게 만들어 속은 다 흘리며 먹는 아이가 있는가 하면, 일반 도시락에 반찬과 밥만 싸 와서 혼자 기가 죽은 채 먹는 아이도 있다. 또 일회용 도시락 안에서 김밥이 뭉개져 꺼냈을 때 볼품없는 김밥을 먹는 아이도 있다.

'김밥 한 번쯤이야 어때?' 하고 생각할 수도 있지만 이러한 일들을 통해 필자는 아이에 대한 엄마의 마음을 읽을 수 있다. 견학 때 신경을 써 주는 엄마는 평소에도 아이를 사랑과 정성으로 키우는 엄마라는 생각이 들고, 실제로도 전혀 다르지 않다. 반대로 견학 갈 때 아이를 잘 챙기지 않는 엄마는 평소에도 아이에게 관심을 쏟지 않는 모습을 자주 볼 수 있다.

나도 아이들을 키울 때는 야외활동이나 소풍 때면 이른 새벽에 일어나서 김밥과 간식을 준비하느라 아침 시간이 빠듯했다. 바쁘고 힘들어도 견학 때 만큼이라도 엄마의 사랑과 마음을 느끼게 해 주고 싶어 도시락을 직접 준비해 주었다. 그러고 나면 이때라도 엄마 노릇을 제대로 한 것 같아 마음이 뿌듯했다. 다 자란 지금도 아이들은 늘 바쁜 엄마가 싫었지만 야외활동 도시락만큼은 직접 싸 줘서 좋았다고 말한다. 그 말을 들을 때마다 아이가 도시락 하나에도 엄마 사랑을 느꼈다는 생각이 들어 코끝이 찡하다.

또 때가 지나서야 나의 힘겨운 노력이 우리 아이들을 밝고 건강하게 자라도록 하는 데 도움이 됐다는 사실을 알게 됐다. 아이는 부모의 정성과 노력으로 크는 존재다. 사소한 엄마의 행동이 아이의 기를 살리기도 하고 주눅 들게도 한다는 것을 아이 키우는 엄마들은 느낄 것이다.


## 사랑에도 표현법이 중요하다
***

진심 어린 애정 표현은 많이 할수록 좋다. 부모가 사랑을 잘 표현하지 않거나 표현하더라도 진심이 아닐 때 아이들은 혼란스러워하거나 사랑받고 있지 않다고 느낀다. 자녀의 자존감을 세워 주는 가장 좋은 방법은 부모의 사랑을 충분히 느끼게 해 주는 것이다. 부모의 진심 어린 애정 표현이야말로 아이로 하여금 최고의 사랑을 받는다고 느끼게 하기 때문이다.

부모의 포옹, 뽀뽀, 눈 맞춤, 스킨십을 자주 받아 본 아이는 자신을 긍정적이고 행복하게 표현할 줄 아는 아이로 자란다. 어린이집에서 아이들이 노는 모습만 봐도 가정에서 사랑을 많이 받고 자라는 아이인지 알 수 있다. 사랑을 많이 받은 아이는 행동, 표현, 언어에서 즐거움이 느껴진다. 반면 사랑을 충분히 받지 못한 아이는 표현도 서툴러서 상대를 힘들게 하고, 자신감이 부족해 스스로 위축되어 활동하는 모습을 볼 수 있다.

유나는 오후에 집에 가면 또 원에 가고 싶다고 전화할 정도로 어린이집을 좋아하는 다섯 살짜리 여자아이였다. 그런데 어느 날부터

인가 결석을 하더니 엄마에게서 어린이집을 그만 다니겠다는 전화가 왔다. 담임도 노력할 만큼 한 후라 뭐라 할 말이 없었다. 그동안 짝꿍 지우 때문에 유나가 힘들어해서 유나 엄마와 여러 번 통화도 하고 노력도 많이 했다.

유나 엄마도 처음엔 아이들이 그럴 수도 있다며 이해해 주었다. 어린이집에 오는 것을 워낙 좋아해서 유나도 잘 넘어가는 듯했다. 하지만 힘든 것을 오랫동안 참을 만큼 유아기 아이들은 이해력이나 인내심이 없다. 결국 계속된 지우의 일방적인 표현 방법 때문에 유나는 좋아하는 어린이집을 그만두게 되었다.

처음 입학했을 때 지우는 티 없이 맑아 보이는 다섯 살 늦둥이 남자아이였다. 언어발달이 늦었지만 성격은 명랑하고 밝았다. 관심을 받고 싶어서인지 의욕도 많았다. 지우는 친구들에게 자기표현을 서슴없이 했다. 부모가 늦둥이라 예뻐만 해서 나오는 행동이라 생각했지만, 시간이 가면서 친구들은 지우의 표현이 부담스러운지 피하기 시작했다.

그러자 지우는 옆 짝꿍 유나에게 집착했다. 유나가 귀찮아할 정도로 유나 곁에서 떨어지지 않으려 했다. 유나가 다른 친구와 놀면 방해를 했고 때로는 볼에 뽀뽀하려고 해서 유나가 울기도 했다. 설명을 해서 고쳐 주려고 했지만 변화가 없었다. "지우야, 친구가 싫어하는 행동은 하지 않기로 약속했는데, 또 했어? 유나가 싫다잖아." 하면 지우는 "선생님, 나는 유나가 좋아요." 하고 대답했다.

"지우가 유나를 좋아하는구나! 그런데 친구가 싫어할 때는 어떻게 하라고 배웠지? 소중한 내 몸 시간에 배웠잖아? 누가 내 몸을 만지려 하면 어떻게 표현하라고 했지? '싫어 만지지 마'라고 말하라고 배웠잖아? 기억나니, 지우야? 또 내가 만졌을 때 상대가 싫어하면 어떻게 해야 돼? 지우야? '미안해! 하지 않을게' 하고 만지면 안 된다고 배웠잖아?"

"네!"

"그것 봐, 지우도 생각났지? 그런데 유나가 싫다고 말했는데 지우가 자꾸 만지면 유나가 좋을까 싫을까?"

"싫어요!"

"그래. 친구가 싫다고 하는 행동은 하지 말아야 되는 거야."

이렇게 지우를 몇 번이나 타일렀다. 하지만 또래에 비해 언어발달이 느린 지우는 소통이 잘 안 되었다. 지우도 또래도 답답함을 느꼈다. 그래서인지 지우는 유독 유나하고만 어울리는 걸 좋아했다. 말없이 받아주는 유나가 편했던 것이다. 표현하지 않았지만, 그런 지우를 견디지 못하고 어린이집을 그만둔 유나를 생각하면 무척 안타깝다. 그동안 지우 엄마와 전화로만 상담했는데, 유나 일로 면담을 요청했다.

원에 온 엄마는 유나 이야기를 듣고서야 지우의 행동에 대해 미안해하면서 눈물을 보였다.

"지우는 저희 부부가 늦은 나이에 결혼해서 얻은 늦둥이에요. 지우를 낳고 정말 좋아했죠. 임신하고부터 힘이 들고 아파서 노산이라 그런가 보다 했어요. 아이를 낳으면 괜찮아지겠지 했는데 점점 회복되지 않고 더 나빠져서 지금도 병원에 있는 날이 많아요. 그렇지 않으면 집에서 누워 있는 시간이 더 많고요. 아빠는 건축업을 하는데, 주로 지방에 있어서 주말에만 가족이 함께 지내요. 그래서 지우가 어린이집에서 끝나고 오면 저는 누워 있고 지우 혼자 놀며 시간을 보내요. 제가 몸이 아프니까 짜증도 잘 내고 지우랑 함께 놀아 줄 수가 없어요. 매일 혼자 로봇이나 블록 같은 장난감을 갖고 놀다 싫증이 나면 게임을 하다 자요. 남자아이인데도 엄마의 사랑이 부족해서인지 인형을 그렇게 잘 갖고 놀더라고요. 안아도 주고, 뽀뽀도 하고, 어느 때는 인형하고 말하며 노는데 그럴 때는 얼마나 안쓰럽고 미안한지 몰라요. 그동안 선생님 말씀을 듣고 그런 행동은 친구들에게는 하지 않는 것이라고 여러 번 알려 줬는데……."

지우는 유아기에 가정에서 받아야 할 충분한 사랑을 받지 못하고, 마음을 표현하는 올바른 방법을 배우지 못했다. 그래서 인형에게 표현하며 느꼈던 감정을 친구에게 일방적으로 하려고 한 것이다.

유아교육기관을 운영하며 충분한 사랑을 받지 못하고, 자기 마음을 제대로 표현하는 방법도 배우지 못한 채 자라는 아이들을 적지 않게 보아 왔다. 또한 부모가 잘 모르거나 바빠서, 적절한 표현을 해 주지 않아서 시기를 놓치는 경우도 많았다. 마음을 제대로 표현하는 방법을 유아기에 배우지 않으면 성인이 되어서도 감정 표현을 잘하기가 쉽지 않다. 어린이집에서도 때에 맞는 표현 방법을 상황에 맞게 가르친다. 하지만 부모의 사랑 속에서 자연스럽게 배운다면 아이는 자신의 감정을 올바로 표현할 줄 아는 아이로 성장할 것이다.


## '누가 키우느냐'보다 '어떻게 키우느냐'가 중요하다

***

조부모가 돌보는 아이들은 대개 사랑이 많은 장점을 가지고 있다. 다른 아이들과 잘 어울리고 자립심도 강하다. 그래서인지 또래들에게 인기가 많다. 하지만 귀하고 안쓰럽다며 아이 말을 다 들어주는 조부모 밑에서 자란 아이는 오히려 그 반대다. 의지력이 약하고 무엇이든 뜻대로 되지 않으면 떼를 쓴다. 그런 아이는 자기중심적이라 단체생활에도 잘 적응하지 못하고 다른 아이들과 자주 다툼을 일으킨다. 특히 부모에게 문제가 있어 조부모가 맡아 기르는 아이는 조부모의 세심한 양육이 필요하다.

일곱 살 성균이는 또래보다 몸집이 큰 남자아이였다. 또래에 비해 두 배는 잘 먹었다. 목소리도 크고 거칠어서 여자아이들은 성균이와 잘 어울리려고 하지 않았다. 덩치만큼 몸동작도 커서 화를 내면 아이들을 움츠러들게 했다. 하지만 보기와 달리 마음은 여려서 잘 울었다.

감정 기복이 심하고 다툼이 잦은 성균이를 담임선생님도 힘들어했다. 일곱 살이 되면 규칙과 질서를 지킬 수 있어야 하는데, 영역 활동 시간이나 놀고 싶은 것이 있으면 다른 아이 것을 빼앗아서 놀았다. 주의를 주고 약속을 해도 감정을 조절하지 못해 다툼이 자주 생겼다. 욕구불만이 많은 아이의 행동 같아 담임선생님은 성균이를 조용히 관찰했다. 또 가정환경에 별다른 이상은 없는지 입학 원서도 확인했다.

성균이는 매일 늦은 오전 시간에 아빠가 데려다주고, 오후에는 조부모님이 차량으로 마중 나와 데리고 갔다. 평범한 맞벌이 가정의 아이와 별반 다르지 않았다. 그런데 작은 일에도 자기 고집만 내세우고 자기 뜻대로 안 되면 화를 내다 못해 분노 성향까지 보였다. 성균이의 원 생활은 바람 잘 날이 없었다.

보통 아이들은 또래끼리 싸우다가 교사가 중재하면 서로 사과하고 바로 친해져서 다시 어울려 논다. 놀고 싶은 영역 활동이나 장난감도 자기 순서가 아니면 고집 부리지 않고 다른 영역 활동을 한다. 하지만 성균이는 자기 조절이 안 되는 아이였다. 또래들과의 마찰이 고쳐지지 않아 원인을 찾지 않으면 안 되는 상황이었다.

성균이를 지켜보던 담임선생님이 아이 문제를 부모님과 의논해야겠다는 생각이 들어 엄마에게 전화했다. 그런데 성균이 이야기를 듣던 엄마는 직장이니까 아빠와 통화하라며 전화를 끊었다. 담임선생님은 엄마의 목소리에서 문제의 원인이 가정에 있음을 직감했다. 다시 아빠에게 전화를 했다.

성균이의 원 생활을 이야기하며 담임이 알아야 할 일이 있으면 이야기해 달라고 했다. 아빠는 머뭇거리다 결심한 듯 "성균이를 위한 거니까 선생님께 말씀드리겠습니다."라며 이야기를 시작했다.

성균이는 다섯 살 때 부모가 이혼해서 지금은 조부모님이 키우고 있다고 했다. 성균이를 엄마에게 보낼 수 없다고 할아버지, 할머니가 극구 반대해서 엄마와 따로 산다고 했다. 어린 나이에 갑자기 엄마와 떨어진 성균이는 엄마를 찾다가 울면서 잠드는 날이 많았다고 했다.

지금은 많이 나아졌지만, 그런 손자가 안쓰러워 할머니와 할아버지는 무엇이든 다 받아 주었다고 한다. 특히 고집이 강한 할아버지는 자식인 아빠가 반대해도 성균이가 원하면 뭐든지 들어주었다. 그러다 보니 성균이가 어린이집에서 조금만 속상한 일이 있다고 하면 당장 쫓아와 담임에게 훈계를 한다. 아빠는 할아버지의 무조건적인 사랑을 알고 있었고 마음에 들지 않았지만 어쩔 수 없었다. 집에서 울며 떼를 쓰면 다 들어주는 생활에 익숙한 성균이는 무엇이든 하고 싶은 대로 했고, 자기 마음대로 안 될 때는 억지를 부려서라도 자기 뜻대로 했다. 이제는 고쳐 보려고 해도 성균이 고집을 꺾을 수 없고, 아빠 자신도 어찌해야 좋을지 몰라 지켜보고만 있다며 답답해했다.

정신의학계의 권위자인 이시형 박사는 3세부터 6세까지 자기 조절력, 사회성, 생활 습관이 접점을 이루며 함께 발달해 나가야 한다고 말한다. 이 시기가 인생에서 가장 중요한 까닭은 이때의 훈련이 아이의 성격을 좌우하기 때문이다. 유아기의 잘못된 생활 습관이나 양육자의 무조건적인 허용 행위는 아이가 성장하며 습관과 성격으로 고착화된다.

우리 사회는 이혼 가정 아이들에게 문제가 많다는 말을 많이 한다. 그러나 이혼 자체가 문제가 아니라, 이혼으로 인해 아이의 양육이 제대로 되지 않을 때 문제가 된다. 어리고 안쓰럽다며 아이에게 옳고 그름을 가려 주지 않기 때문이다. 아이는 양육자의 태도와 행동을 닮아간다. 그래서 아이는 '누가 키우느냐'도 중요하지만 '어떻게 키우느냐'가 더 중요하다.

**1. 칭찬의 말, 하루에 세 번 이상 하기**

아이는 칭찬을 먹고 자란다. 칭찬은 해도 해도 결코 넘치지 않는다. 그러니 아이가 잘한 일이 있다면 주저하지 말고 바로 칭찬하라. "세상에! 이걸 네가 했단 말이지?", "역시 우리 윤지는 대단해!"처럼 아이에게 용기를 북돋는 말을 하라. 그러나 혹시 아이가 실수를 하거나 잘못했을 때는 꾸짖기보다는 왜 그랬는지 먼저 아이의 이야기를 듣고 난 후에 아이에게 잘못을 알려 줄 필요가 있다. 아이의 행동을 보고 부모가 먼저 판단해 버리면 아이는 말문이 닫혀 버리기 때문이다.

**2. 아이의 모습을 동영상으로 찍기**

혹시 동영상 기기가 있다면 아이와 함께 재미있게 노는 모습을 찍어 둬라. 그리고 가족들이 모두 모인 시간에 이 모습이 담긴 동영상을 틀어 함께 보기 바란다. 아이는 미처 알지 못했던 자신의 모습을 볼 수 있고, 부모님이 자신을 얼마나 사랑하는지 느낄 수 있을 것이다.

**3. 아이를 동화 속 주인공으로 만들기**

아이가 알고 있거나 좋아하는 동화를 골라서 주인공 이름 대신 아이의 이름을 넣어 동화책을 만들어서 줘 보라. 또는 아이를 멋진 주인공으로 한 이야기를 엄마가 직접 만드는 것도 매우 좋다. 잠자리에 들기 전에 들려준다면 아이는 꿈속에서 동화 속 주인공이 되어 신나는 모험을 할 것이다.

**4. 보석상자 열어 보기**

아이가 잠자리에 들기 전에 이불을 펴 놓은 뒤, 엄마의 보석상자를 가지고 와서 아이와 함께 놀아줘 보라. 아이는 반지도 끼고, 귀걸이도 하고, 목걸이도 걸어

볼 것이다. 보석에 얽힌 이야기를 들려주는 것도 좋다. "이건 윤지가 태어나기 전에 아빠가 엄마에게 사랑한다며 끼워 준 반지란다."라며 옛이야기를 들려주면 아이 얼굴은 미소로 가득할 것이다.

### 5. 사랑 쿠폰 전달식 하기
아이가 착한 일을 했거나 칭찬받을 만한 일을 했을 때는 사랑 쿠폰을 만들어 선물해 보라. 쿠폰 내용은 물론 아이가 좋아할 만한 것이어야 할 것이다. 아이가 좋아하는 TV 프로그램을 보게 해 준다든지, 컴퓨터 게임을 하게 해 준다든지, 아이가 좋아하는 음식을 먹게 해 준다든지 하는 것들 말이다.

### 6. 아이에게 상처 주는 말 하지 않기
"왜 이 정도밖에 못하니?", "바보 같으니.", "꼴 보기 싫어." 등 아이에게 무심코 상처 주는 말을 한 적은 없는가? 말은 물과 마찬가지로 한 번 입 밖으로 나오면 주워 담을 수 없다. 말이 사람에게 약도 되고, 독도 된다는 것은 아마 이런 이치 때문일 것이다. 아이가 실수하거나 잘못했을 때 닦달하고 야단치기보다 왜 그랬는지 차근차근 이야기를 들어 보라. 아이도 나름대로 이유가 있을 것이다. 어른들이 미리 판단해 버리면 아이는 말문이 막혀 버린다.

### 7. 아이의 날 만들기
생일이나 어린이날 말고도 일 년에 하루나 이틀은 아이를 위한 날로 선포하라. 아이가 특별한 일을 해낸 날이나 유치원에 입학한 날 등을 기념일로 정하고, 아이의 이름을 붙여 'OO의 날'로 정하라. 그날만큼은 아이가 평소에 하고 싶어 하던 일을 마음껏 할 수 있게 해 줘라. 아이는 이날을 손꼽아 기다리며 그날만큼은 세상에서 가장 행복한 아이가 될 것이다.

**8. 아이와 함께 요리를!**

요리는 아이에게 즐거운 놀이일 뿐 아니라 신나는 추억이 될 수 있다. 특히, 아빠와 함께 만드는 요리는 더욱 그렇다. 어렵지 않은 계란 섞기나 밀가루 반죽으로 쿠키 만들기, 케이크 장식하기 등을 아이에게 부탁해 보라. 아이는 신이 나서 요리에 열중할 것이다.

**9. 음식에 아이 이름 붙이기**

아이가 좋아하는 음식에 원래 이름 대신 재미있는 이름으로 바꿔 보라. 피자 대신 '들판에 핀 꽃', 떡볶이 대신 '부글부글 볼케이노', 소프트 아이스크림은 '달콤한 회오리 바람'으로 새로운 이름을 지어 보라. 만일, 아이가 싫어하는 음식이 있다면 재미있는 이름을 붙여서 거부감을 없애는 데 쓸 수도 있을 것이다. 예를 들어, 시금치나물을 '먹으면 불끈, 파릇 새싹'으로 바꿔 보라.

**10. 잠 자는 아이를 마사지와 놀이로 깨우기**

아침에 아이의 잠을 깨우는 일이 가장 어렵다는 엄마들이 많다. 혹시 아이를 깨울 때 일어나지 않는다고 소리를 지르거나 엉덩이를 때리지는 않는가? 아침부터 야단을 맞은 아이는 날벼락을 맞은 기분일지도 모른다. 그러지 말고 아직도 잠자리에 있는 아이를 살며시 안아 주고, 팔다리나 등을 가볍게 문질러 마사지를 해보라. 또는 손가락으로 아이 엉덩이나 볼을 살포시 누르며 "우리 윤지 몸은 피아노! 도, 레, 미!" 하고 노래를 불러 보라. 엄마도 아이도 하루를 상쾌하게 시작할 수 있을 것이다.

**11. 아이와 통하는 비밀 사인 만들기**

야구장에서 감독이 선수에게 사인을 보내듯, 아이와 언제, 어디서든 애정 표현을 할 수 있는 비밀 사인을 만들어 보라. 손가락으로 코를 세 번 두드리면 사랑한다는 뜻이고, 손가락으로 V자를 만들면 화이팅이라는 의미를 아이에게 알려 주어 서로에게만 통하는 비밀 사인을 만들면 평소에는 잘 하지 않던 애정 표현이 점점 익숙해지고 자연스러워질 것이다.

## 12. 가슴으로 자주 안아 주기
부모의 품에 많이 안긴 아이일수록 정서가 안정된다고 한다. 어렸을 때는 많이 안아 주다가도 커서는 잘 안아 주지 않는 부모님들이 많다. 나이에 관계없이 자주 안아서 서로의 사랑을 확인하라.

## 13. 행복하게 웃는 사진 걸기
가족들이 함께 함박웃음을 지으며 찍은 사진, 여행지에서 바닷가를 거닐며 찍은 가족사진, 엄마와 아빠가 부드럽게 포옹하고 있는 사진 등을 거실이나 아이의 방에 걸어 두라. 아이는 행복감을 느끼면서 그 사진을 소중하게 간직할 것이다.

## 14. 아이의 말에 귀 기울이기
아이가 하는 말은 무엇이든지 관심 있게 들어라. 아이는 대화를 통해서 자신의 생각을 표현하고 싶어 한다. 아직 말이 서툰 아이라도 유심히 듣고 있으면 아이가 하고 싶어 하는 말을 이해할 수 있을 것이다. 아이들은 어른이 자신에게 얼마나 귀를 기울이는지를 보고 사랑과 관심의 정도를 가늠한다.

## 15. 그림책 읽어 주기
그림책 읽는 일이 쉽다고 생각하는 어른들이 많다. 하지만 그림책을 단순히 읽기보다는 내용에 담긴 상황을 자세하고 실감 나게 읽어 주는 것이 더 중요하다. 만일 부모님이 너무 바빠서 아이에게 책 읽어 줄 시간이 별로 없다면 책 읽는 소리를 녹음해 두라. 아이가 듣고 싶을 때, 언제든지 들으며 엄마, 아빠를 느낄 수 있을 것이다.

**16. 잠들 때 자장가 불러 주기**
아이가 잠자리에 들면, 5분 정도 포근하게 끌어안거나 아이의 등을 간지럽지 않을 정도로 문질러 주라. 그러면 아이는 기분 좋은 꿈을 꾸며, 멋진 꿈나라로 여행할 수 있을 것이다.

**17. 아이와 함께 춤을!**
음악을 크게 틀고 아이를 안아서 마치 왈츠를 추듯 춤을 추어 보라. 아이의 키가 많이 자라면 아이가 아빠의 발등을 밟고 서게 해 보라. 그러고 나서 아이의 손을 잡고 춤을 춰 보라. 아이는 놀이를 하듯 즐거움을 느끼며 계속 춤을 추자고 할 것이다. 또는 신나는 댄스 음악을 틀어 놓고 온 가족이 막춤을 추는 것도 좋다. 아이는 엄마, 아빠가 추는 춤을 보고 배꼽이 빠질 듯 웃을 것이다.

출처 : 베이비&맘 | http://www.babynmom.com

# 2장
/
# 아무리 바빠도
# 육아는 가능하다

아무리 바빠도 육아는 가능하다

# 1

☆
☆

# 아이를 제대로 챙기지 못하는
# 엄마들이 많다

캘리포니아대학교 사회심리학과 교수인 셸리 테일러Shelly Taylor가
쓴 『너와 나를 묶어 주는 힘, 보살핌』에는 생물심리학자인 마이클
미니Michael Meaney가 보살핌이 얼마나 중요한지 쥐를 대상으로 실험
한 내용이 실려 있다. 새끼 쥐를 우리에서 꺼내 쓰다듬어 주고 다시
어미에게 돌려주는 일을 여러 번 반복했을 때, 그 새끼 쥐는 그렇게
하지 않은 다른 쥐들에 비해 신체적으로 더욱 훌륭한 발달을 보인다
는 사실을 알아냈다.

마이클 미니는 새끼가 우리로 돌아왔을 때 어미 쥐가 어떻게 행동
하는지 관찰했다. 어미 쥐는 다시 우리로 돌아온 새끼 쥐에게 쏜살
같이 달려가 열렬히 핥아 주고, 털을 다듬어 주고, 돌봐 주었다. 이것

은 사람으로 치면 '내 소중한 아이야, 다시 엄마 품으로 돌아왔구나. 얼마나 걱정했는지 아느냐? 엄마는 널 매우 사랑한단다.'라고 말하는 것과 같다. 새끼 쥐들은 어미의 이런 보살핌 속에 무럭무럭 자랐던 것이다. 이것은 쥐를 대상으로 한 실험 내용이지만 사람과 크게 다르지 않다. 아이들은 부모의 보살핌 속에서 안정적으로 성장한다.

그런데 요즘 엄마들은 아이를 제대로 챙기기가 쉽지 않다. 많은 엄마들이 일을 하기 때문이다. 그러다 보니 과제물이나 준비물을 챙기지 못하는 것은 물론 아침밥도 제대로 먹이지 못한다. 더 큰 문제는 전업주부들이 아이를 종일반에 맡기는 일이다. 물론 직장 생활을 하지 않더라도 자신의 취미 생활이나 봉사 활동, 종교 활동을 위해 아이를 맡길 수는 있다. 그러나 아이가 아직 어릴 때는 아이를 돌보는 일이 최우선이 되어야 한다. 이것이 아이를 올바로 키우는 양육법의 핵심이다.


## 아이의 책임감, 엄마에게 달려 있다
***

5~7세는 사회성과 인지능력이 완성단계에 접어드는 시기다. 이때는 경험을 통해 규칙과 규율을 가르치고, 자신의 행동에 대한 책임감을 길러주어야 한다. 어린이집에서는 과제물이나 간단한 준비물을 챙기는 일도 교육의 한 부분이다. 어려서부터 자기 일을 스스

로 처리할 수 있도록 하기 위해서다. 그래서 어린이집에 등원하면 신발, 옷, 가방을 아이 혼자 정리하게 한다. 영역 활동이나 단체 활동 시간에 사용한 교구와 교재도 혼자 힘으로 정리할 수 있도록 가르친다. 유아기부터 스스로 할 수 있는 능력을 키운다는 것은 책임감 있는 사람으로 자라고 있다는 뜻이다.

아이가 아직 어리다고 생각해서 부모가 모든 것을 다 해주고, 스스로 할 수 있는 기회를 주지 않으면 아이는 혼자 힘으로 무언가를 해야 할 필요성을 느끼지 못한다. 부모에게 기대려는 의타심이 생겨 책임감이 자랄 기회를 잃어버리기 때문이다.

일곱 살 동민이는 과제물이나 준비물을 잘 가져오지 않았다. 그래도 속상해하거나 필요성을 별로 느끼지 않는 모습이었다. 일 년 전 처음 왔을 때는 원복을 입고 오지 않거나 준비물을 가져오지 않은 날은 등원하는 모습부터 기운이 없고 주눅이 들어 있었다. 현관에서 신발을 벗는 동민이에게 "동민아, 왜 기운 없이 걸어왔어? 집에 무슨 일 있어?"라고 하면 말없이 고개만 가로저었다.

나중에 알고 보니 이것은 과제물을 안 해 왔거나 규칙을 어겼을 때 보이는 모습이었다. 그때마다 엄마 탓을 하며 속상해하는 동민이를 담임선생님은 다독여 주고 챙겨 주었다. 하지만 시간이 지나도 여전히 과제를 하지 않거나 준비물을 챙겨 오지 않았다. 불안하고 기운 없어 하는 기색도 점차 줄어들었다. 학습에 대한 의욕이나 스스로 챙겨야 한다는 책임의식도 생기지 않았다. 이제는 준비물을 가져온 날이나 안 가져온 날이나 별반 다르지 않다.

동민이의 그런 행동 뒤에는 엄마의 양육 태도가 한몫했다. 엄마는 어린이집에서 보내는 가정통신문을 잘 읽지 않아 과제물이나 준비물을 챙겨 주지 않는 날이 많았다. 그래서 동민이 엄마와 상담도 하고, 메모도 보냈다. 하지만 그때뿐이었다. 동민이 엄마는 동민이를 데리고 외출해서 과제를 못한 다음 날이면 어린이집으로 전화를 한다. 엄마 때문에 할 수 없었으니 동민이를 이해해 달라는 것이다. 그런 엄마 모습을 보며 동민이는 어느새 과제를 못하고 준비물을 가져오지 않아도 큰 문제가 없다는 사실을 배운 것이다. 이런 상황을 반복하면 동민이는 규칙과 규율을 왜 지켜야 하는지 알지 못하고 책임감도 기르지 못한 채 성장할 것이다.

아이 문제를 엄마가 해결해 주고 싶은 마음은 자식 가진 부모라면 모두 같을 것이다. 하지만 자식을 제대로 키우려면 부모 역할이 무엇보다 중요하다. 엄마가 모든 것을 해결해 주어야 할 시기는 영아기1~3세 때다. 이 시기가 지나면 아이 혼자 할 수 있는 기회를 서서히 늘려 주어 세상 살아가는 방법을 터득하게 해야 한다. 혼자 일어나는 일, 혼자 밥 먹는 일, 혼자 정리 정돈하는 일에서부터 스스로 할 수 있도록 느끼게 하고, 가르쳐야 책임감 있는 아이로 성장할 수 있다.

아침밥은 반드시 챙겨라

***

"사랑하는 선생님, 안녕하세요?"

"사랑하는 친구들, 안녕?

"사랑하는 코끼리 반 친구들, 안녕?"

"사랑하는 선생님, 안녕하세요?"

"오늘 예쁜 옷 입고 왔네? 누가 사 줬어요?"

"우리 엄마가요."

아이들 등원 시간은 이렇게 늘 시끌벅적하다. 등원 시간이 지나면 연령별 활동을 위해 담임과 아이들은 자기 반 교실로 들어간다. 그때서야 참새 방앗간 같던 어린이집이 조용해진다. 교실에서는 여전히 아이들의 재잘거림으로 분위기가 들떠 있다.

어린이집은 아이들이 세상에 태어나서 가정 다음으로 소속감을 느끼는 곳이다. 아침이면 아이들은 부모님과 떨어지는 불안함과 또래들을 만나는 설렘으로 어린이집에 온다. 불안한 마음은 어린이집에 와서 친구들과 어울리다 보면 금세 안정감을 찾아 간다.

등원 시간이 지나도 여전히 시끄러운 것은 전화벨 소리 때문이다. 아이가 걸어갔는데 잘 도착했느냐는 전화를 비롯하여 상담 전화와 거래처 전화가 쉬지 않고 걸려 온다. 간식 시간이 가까워지면 전화벨은 더 빈번히 울린다. 이 시간에 자주 전화하는 엄마로 하늘반 민수 엄마가 있었다.

"안녕하세요? 어린이집입니다."

"하늘반 민수 엄만데요, 민수가 아침을 못 먹고 갔으니까 간식 많이 주세요."

"네, 어머니. 그런데 민수에게 아침을 안 먹여 보내셨어요?"

"네, 민수도 안 일어나고, 저도 못 일어났어요. 간식이랑 점심 많이 주세요! 저녁때 집에 오면 아이가 배고파해요."

"알겠습니다. 어머니!"

전업주부로 살림만 하는 민수 엄마는 "어제 친척 집에 갔다 늦게 와서 아침을 못 먹여 보냈어요.", "아이가 너무 피곤해서 더 자게 하느라 아침을 못 먹였어요.", "제가 몸이 안 좋아 아침을 못 먹여 보냈어요."와 같은 용건의 전화를 자주 했다. 어린이집에서 아이들이 활동하는 모습만 봐도 아침을 먹고 왔는지 못 먹고 왔는지를 알 수 있다. 먹고 온 아이는 표정부터 다르다. 밝고 활기차며 또래들과 잘 어울린다.

아침을 못 먹고 온 아이는 어깨가 처져 있고 기운이 없다. 또한 활동성이 떨어지고 신경도 예민해 또래들과 불협화음이 잦은 편이다. 그래서 신학기 학부모 오리엔테이션 시간이나 부모 교육 시간에는 아침 식사의 중요성을 강조한다.

아침을 자주 굶고 오는 민수도 마찬가지다. 매일 아침 아이들은 남는 에너지를 쏟아붓기라도 하듯 친구들과 이야기도 많이 하고 각자가 좋아하는 영역 활동을 하느라 시간 가는 줄을 모른다. 하지만 아침을 안 먹고 온 날 민수는 기운도 없고, 의욕도 없다. 영역 활동에도 흥미가 없다. 찬반 의견이 있지만 유아기의 아침 식사는 발육에 절대 필요하고, 신체 활동이나 두뇌 활동, 또래 관계 형성에도 영향을 끼칠 만큼 중요하다.

엄마의 나태함과 불규칙한 생활로 잠도 제때 못 자고 아침에도 매일 지각하는 다섯 살 지윤이가 있었다. 지윤이는 항상 과자나 빵을 먹으며 혼자 걸어와서는 종일반으로 있었다. 대개 등원 시간이 훨씬 지난 뒤에 와서 수업 중에 등원한 지윤이는 적응을 못하고 멍하게 하루 일과를 시작했다. 등원한 지 얼마 지나지 않아 점심시간이 되면 아침밥을 제대로 먹지 못한 지윤이는 또래에 비해 두 배로 먹었다.

그리고 점심 식사를 한 후 낮잠을 자고 나면 같은 반 친구들은 일어나서 오후 활동을 시작하는데, 지윤이는 깨워도 밤잠을 자듯 깊게 잠을 잤다. 매일 밤늦게 퇴근하는 아빠를 보고 자는 습관 때문이었다. 지윤이는 다른 친구들이 오후 활동을 하고 간식을 먹을 때쯤 일어나서 바로 오후 간식을 먹었다. 간식을 먹고 나면 지윤이는 의욕도 없고 활기도 없이 다른 친구들이 활동하는 모습만 지켜보다가 집으로 돌아갔다.

처음 입학 당시부터 지윤이는 의욕이 없어 보였고, 비만으로 인해 활동성도 떨어져 있었다. 관심을 갖고 지켜보니 인지 능력뿐 아니라 사회성도 떨어져 또래들과 어울리는 것을 어려워했다. 또한 아이의 상황에 대해 엄마와 상담하고 협조를 구했지만 미온적인 태도 탓에 아이에게 큰 진전이 없어 안타까웠다.

아침밥과 숙면은 유아기 아이들에게 매우 중요하다. 수면 부족은 두뇌 활성화를 방해하여 인지발달에 좋지 않은 영향을 끼친다. 당연히 학습 능력도 떨어진다. 수업 시간에도 흥미를 못 느끼고 참여 의식이 낮다. 잠을 푹 자지 못한 아이들은 모든 활동에서 뒤처질 수밖에 없다. 또한 아침밥을 굶거나 대충 먹으면 폭식과 식탐으로 이어져 비만해질 수 있다. 비만은 활동성을 떨어뜨려 신체발달을 방해할 뿐 아니라 사회성 발달에도 악영향을 미친다.


## 단체복을 입는 이유
***

어린이집에서 입는 단체복을 입는 데는 그만한 이유가 있다. 아이들 스스로 옷 입는 습관을 기를 수 있고, 매일 단추 꿰는 연습으로 손과 눈의 협응력에도 도움을 준다. 꾸준한 손가락 활동은 두뇌발달에도 좋다. 원복은 어린이집에 대한 소속감을 키워 주는 역할도 한다. 또한 옷을 자주 사 줄 필요가 없어 가정의 부담을 덜어 주기도 한다. 단체복을 입히면 옷 때문에 기죽는 엄마나 비교당하는 아이들이 없다는 것도 장점이다.

원을 운영할 때 평일에는 원복이나 체육복을 입히고, 수요일 하루만 자유복을 입혔다. 그런데 5세 반 상민이는 원복과 체육복을 입는 날에도 평상복을 입고 등원했다. 현충일 즈음 야외로 현장 학습을 가는 날에도 "상민이 어머니, 오늘 현장학습 간다고 가정통신문 보냈는데 안 보셨어요? 원복 입혀 보내라고 했는데 그냥 보내셨네요?"라고 전화했더니 "어쩌죠? 제가 바빠서 세탁기를 못 돌렸는데 오늘만 갔다 오게 하세요."라고 했다. 그녀는 그전에도 "가정통신문을 읽었는데 깜빡했네요.", "한 번쯤 다른 옷을 입고 가도 되지 않나요?"라고 했었다.

상민이 엄마만 이런 것은 아니다. 원복의 필요성이나 규칙의 중요성을 잘 모르는 엄마들이 의외로 많다. "선생님, 우리 반에도 한두 명 있어요. 선생님 반 상민이 엄마는 직장에 다니느라 바빠서 못 챙기지만 우리 반 두 엄마는 집에 있어도 안 챙겨 입혀요."라는 말이 선생님들 사이에서 흔하게 나오는 것이 그 방증이다.

그런데 단체복은 행동 조절 역할도 한다. 체육복이나 평상복을 입었을 때는 훨씬 동적인 데 반해, 원복을 입으면 활동이 얌전해진다. 야외에 나갈 때는 보호자 역할까지 한다. 현장학습 장소에는 다른 유아교육기관의 아이들도 많이 온다. 아이들은 자연 속에서 호기심이 발동하면 자신도 모르게 혼자 이탈 행동을 한다. 그야말로 들판에 풀어 놓은 망아지가 따로 없을 정도다.

그러다 정신을 차렸을 때 친구들과 담임이 안 보이면 겁에 질려 우는 아이도 있다. 이때 원복을 입고 있으면 쉽게 찾아 줄 수 있다. 잠깐 멀어진 아이도 원복을 보고 바로 찾을 수 있다. 이것이 야외로 현장학습을 갔을 때 반드시 원복을 입혀야 하는 이유다.

또한 원복을 안 입히면 처음엔 '왜 나만 안 입었지?' 하며 속상해하다가도 시간이 지나면 '안 입어도 되는구나.' 하고 그 중요성을 잃어버린다. 경험을 통해 자연스럽게 규율이나 규칙을 가르치는 것 또한 유아교육의 한 부분이다.


## 부득이한 일이 아니라면 종일반에 맡기지 마라
***

아이가 엄마, 아빠와 떨어져서 온종일 아이들과 지내는 것은 힘든 일이다. 특히 애착 형성이 끝나지 않은 36개월 미만의 영아기에는 양육자가 바뀌거나 하루 종일 엄마와 떨어져 있으면 정서발달에도 영향을 받는다. 36개월이 지난 아이도 그것은 마찬가지다. 그래서 아이들이 자라는 시기에는 부득이한 경우를 제외하고는 신뢰할 수 있는 양육자나 부모와 편안하게 보내야 안정된 정서를 발달시킬 수 있다.

요즘은 맞벌이 가정이 예전보다 많아서 유아교육기관에서 하루 종일 머무는 아이들이 많다. 심하면 오전 7시 30분부터 저녁 7시 30분까지 있는 경우도 있고, 더 늦은 시간까지 있는 아이도 있다.

어린이집 편성은 주로 정규반과 종일반으로 나뉜다. 전업주부 자녀 또는 부모가 맞벌이 가정이지만 돌봐 줄 사람이 있으면 보통 정규반을 한다. 하지만 부부가 모두 직장에 다니는 가정처럼 오후 시간까지 아이를 돌볼 수 없으면 종일반에 편성된다. 정규 수업은 정규반, 종일반 구분 없이 전체 아이들이 다 함께하는 수업이다.

정규 수업반이 오후 3시에 끝나면 집으로 가고, 이후에는 종일반 아이들만 남는다. 종일반 아이들은 집에 가는 정규반 아이들을 부러워한다. 종일반 아이들은 부모가 퇴근하는 시간까지 별도로 준비한 활동을 하며 보낸다. 낮잠을 더 자는 아이도 있고, 정규 수업 때 못한 자유선택놀이를 마음껏 혼자 즐기는 아이도 있다. 빡빡한 정규 수업과 다르게 교사도 아이들도 여유가 있다. 교사는 종일반 아이들에게 엄마에게 못 받는 사랑과 정을 채워 주려고 노력한다.

문제는 전업주부 엄마들까지 자녀를 종일반에 맡긴다는 점이다. 사실 하루 종일 많은 아이들과 어울리다 보면 교사도 지치고 아이들도 지친다. 종일반 시간까지 아이들이 많이 남아 있으면 지친 교사가 아이들을 즐겁게 돌보기가 쉽지 않다. 전업주부 가정의 아이들이 종일반을 하는 경우는 대부분 개인적인 이유에서다. 별도의 보육료 부담이 없다는 것도 한 가지 이유일 것이다. 맞벌이 가정의 자녀를 위해 양해를 구하면 불쾌하다며 원을 옮기는 엄마도 있다.

어린이집에서 성장에 필요한 프로그램으로 체계적인 교육을 하더라도 어린이집 교육과 가정생활이 균형을 이룰 때 아이들은 더 건강하게 자란다. 아이들이 어릴 때는 부모가 힘들고 바쁘다. 다른 일을 할 시간적 여유가 없다. 그러다 어린이집에 아이를 보내면서부터 조금은 자유롭고 한가함을 느끼게 된다.

그런데 이런 생활이 익숙해지면 "벌써 금요일이니? 주말에 또 너랑 씨름해야겠구나!"라며 휴일에도 아이 돌보는 것을 힘들어하는 부모들이 생긴다. 방학은 더 끔찍하게 생각한다. "선생님, 방학 안 하면 안 돼요? 아이들과 보낼 생각을 하니 벌써 지겹네요."라며 아이 돌보는 것을 힘들어 하기도 한다. 각자 다른 가정환경과 성격을 가진 아이들을 교육하는 교사의 힘겨움, 엄마와 떨어져서 힘든 하루를 보내야 하는 종일반 아이들, 서툰 엄마 역할에 지친 엄마들 모두가 즐겁고 행복하다면 얼마나 좋을까?

# 2

☆
☆

# 아이보다
# 다른 일이 우선인 엄마들

어린이집에서 남에게 피해 주는 행동을 아무렇지도 않게 하는 아이들이 종종 있다. 이런 아이들은 자기가 놀고 싶은 영역에 다른 친구가 있어도 침범하려 들고, 친구가 장난감을 가지고 놀고 있으면 빼앗아서 놀려고 한다. 신학기에는 특히 이런 아이들이 많아 다툼이 잦다.

하지만 어린이집에서 또래들과 함께 보내는 시간이 많다 보면 하루하루 변해 간다. 양보가 무엇이고 왜 해야 되는지, 질서를 지키면 어떤 편리함이 있는지를 가르치기 때문이다. 이처럼 어린이집은 아이들로 하여금 단체생활이 즐겁고 행복할 수 있도록 늘 노력하는 곳이다.

하지만 가정에서 내 아이 하나도 키우기도 바쁜 나머지 다른 사람에게 피해를 주면 안 된다는 것을 잊고 가르치지 않는 엄마들이 더러 있다. 경험이 없고 육아에 서툴러 내 아이만 보이고 마음만 앞서서인 듯하다. 반면 자식이 밖에서 남에게 피해를 주지 않고 잘 어울리기를 바라는 부모는 자녀를 올바로 가르친다. 귀한 자식일수록 밖에서 손가락질을 당하지 않게 가르쳐야 한다고 엄격하게 키우는 부모들도 있다.

그런데 약속을 어기는 것을 중요하게 여기지 않고, 상대방에게 피해 주는 것을 대수롭지 않게 여기는 부모들도 있다. 자녀와 함께 준비한 어린이집 행사 당일 아침에 전화해 참석을 못한다며 약속을 어기고, 무슨 일이든 내 아이만 먼저 챙겨 주기를 바라는 부모의 이기심 때문에 아이는 주눅이 들고, 교사는 당황하기도 한다. 부모가 먼저 약속과 사회적 규범을 지키는 모습을 보여야 부모를 보고 자라는 자녀가 올바른 모습을 배울 수 있지 않을까.


## 약속은 습관이 되고, 습관은 성격이 된다
★★★

민상이 엄마는 전업주부인데 일이 많다는 이유로 아이를 종일반에 맡긴다. 가끔은 아이의 컨디션이 안 좋아 보여 일찍 데려가면 좋을 것 같아 전화하면 "저 지금 밖이에요. 시간 맞춰서 데리러 갈게요." 하고 끝날 때까지 오지 않는다.

하루는 하원 시간이 지났는데도 데리러 오지 않았다. 불안해하는 민상이를 담임이 안아 주며 "민상아, 엄마 안 와서 불안해? 괜찮아. 선생님과 함께 있으면 금방 오실 거야!"라고 말하자 그제서야 안심하는 모습이었다. 하지만 하원 시간이 지나도 엄마가 데리러 오지 않자 아이의 눈길은 내내 현관 쪽에 머물렀다. 시간이 꽤 흐르고 퇴근 시간이 됐는데도 민상이 엄마는 연락도 없었다.

동료 교사들은 먼저 퇴근하고 담임선생님과 민상이 둘만 남았다. 민상이는 아까보다도 더 초조한 마음으로 기다렸다. 담임선생님이 "민상아! 우리 엄마한테 전화해 볼까? 어디쯤 오고 계시나."라고 하자, 아이는 선생님 곁으로 바싹 다가앉아 귀를 쫑긋 세웠다. 벨소리가 여러 번 울려도 받지 않았다. 다시 걸었다. 역시 받지 않았다.

"민상아! 엄마가 지금 오느라 전화를 못 받나 보다. 조금만 더 선생님이랑 기다리자."

담임선생님의 말이 끝나자 민상이는 거의 울기 직전이었다. 담임도 당황스러워 어떻게 하면 민상이가 안심할까 고민하며 안아 주었다. 그때 전화벨이 울렸다. 민상이 엄마였다.

"어머니, 무슨 일 있으세요? 왜 안 오세요?"

"선생님, 제가 미용실이에요. 머리 하느라 벨소리를 못 들었어요. 지금 끝났는데 시간이 이렇게 됐네요. 조금만 기다려 주세요. 최대한 빨리 갈게요."

엄마에 대한 기다림과 서운함으로 가득 찬 민상이는 울기 시작했다. 한참이 지나서야 데리러 온 엄마는 '어쩌다 한 번인데 그럴 수도 있지' 하는 표정으로 아이를 데리고 갔다. 민상이 엄마는 바쁜 아침 등원 시간에도 가끔 전화를 한다. "바빠서 가정통신문을 지금 봤는데 준비물이 있었네요?"라면서 민상이가 기죽지 않게 해 달라고 한다.

엄마가 약속을 안 지키고 늦게 오면 아이는 속상하고 불안해한다. 또한 부모의 행동으로 남을 불편하게 한다면 아이도 자연스레 습이 되어 부모의 모습으로 자란다. 반복된 행동은 습관이 되고, 성격으로 고착화되어 성장하기 때문이다.

필자는 어린이집을 운영하며 남에게 피해를 주는 행동이나 자신의 몸을 위험에 빠뜨리는 행동에 대해서는 교사들에게 단호하게 교육을 하라고 했다. 삶의 기본이고 자신을 위해서 가장 필요한 덕목이라고 여겼기 때문이다.


## 어린이집 가족 행사를 소홀히하지 마라
★★★

유아기에 부모와 함께 보내는 시간은 그 무엇과도 바꿀 수 없을 만큼 소중하다. 정신적으로나 육체적으로 성장하며 밝고 건강하게 자랄 수 있는 가장 중요한 시기이기 때문이다. 하지만 맞벌이 가정이 늘면서 아이들이 부모와 보내는 시간보다 유아교육기관에서 보내는 시간이 많아지고 있다.

요즘은 아이가 태어나서 일정 기간이 지나면 어린이집에 맡길 수 있다. 바쁜 탓도 있지만 다양하고 체계적인 교육을 받을 수 있기 때문이다. 그렇더라도 교육기관과 가정이 연계교육을 해야 아이들이 육체적·정신적으로 균형 있게 성장할 수 있다. 이 때문에 어린이집에서는 분기별로 부모가 참여하는 행사를 준비한다. 하지만 바쁘다는 핑계로 행사에 불참하여 아이에게 상처를 주는 부모들이 더러 있어 안타깝고 마음이 아프다.

"어머니, 참석한다고 하셨잖아요? 부모님과 함께 운동회 한다고 좋아한 민석이는 어떻게 해요?"

"죄송해요, 선생님. 민석이는 저희가 알아서 할게요. 부부 동반 모임이 있는데 애 아빠가 꼭 가야 된다고 하네요."

가족 운동회 준비하느라 분주한 아침에 온 첫 전화가 참석할 수 없다는 민석이 엄마의 전화였다. 그동안 부모님께 보여 줄 마스게임을 비롯하여 부모님과 함께할 운동회 연습을 매일 했다. 부모님이 불참하면 짝과 함께해야 하는 마스게임은 어떻게 할지, 들떠 있던 아이가 얼마나 실망을 할지 부모 약속 뒤에 가려 보이지 않는 듯했다.

가족 운동회는 어린이집 행사로 봄이나 가을에 원 재량으로 한다. 행사 하나를 준비하려면 한 달 전부터 바쁘다. 먼저 날짜를 결정하고 공문을 보내 장소를 섭외한다. 날짜와 장소를 정하면 그때부터 행사를 준비하느라 어린이집 전 직원이 바쁘다. 예산을 짜고 행사에 필요한 비품과 물품을 차질 없이 준비한다. 부모의 참석을 부탁하는 가정통신문도 발송한다. 교사들과 아이들도 바쁘다. 부모님과 함께할 운동회에 대해 이야기도 나누고, 마스게임도 준비한다.

어린아이들은 아직 이해력이 충분히 발달하지 않아 행사 내용은 잘 모르지만 부모님이 참석한다는 것만으로도 마냥 좋아한다. 6~7세 아이들은 마음이 들떠 안 먹던 밥도 잘 먹고 의욕도 철철 넘친다. 연습 때도 신이 난다. 빨리 부모님께 보여 주고 싶은 마음에서다. 이처럼 행사는 평소와 또 다른 아이들의 모습을 볼 수 있는 시간이다.

그래서 그 어느 때보다도 설레는 마음으로 준비하고, 부모님과 함께할 기대감으로 연습한다. 가족 운동회 당일 가족이 두 팀으로 나뉘어 시합하며 경쟁한다. 그 속에서 아이들은 부모님의 사랑을 느끼고, 경쟁 속에서도 협동심을 배우며, 즐거움을 느낀다. 또 이기고 지는 것에 예민한 아이들이 울고 떼쓰는 모습도 성장과정이라는 것을 알게 된다. 이처럼 평소보다 또래들과의 어울림이 더 즐겁고 재미를 느끼는 것은 부모와 함께하기 때문이다.

행사가 끝난 다음 날이면 교실은 운동회 이야기로 시끄럽다. 넘어지고 다치고, 이기고 진 것보다 부모님과 함께한 시간이었기에 신이 나서 이야기한다. 모두들 부모님과 함께해서 즐겁고 행복했던 표정들이다. 담임선생님도 아이들이 행복했던 시간을 오랫동안 기억할 수 있게 칭찬도 하고 격려도 하며 마무리한다.

그러나 결석한 아이는 거기에 끼어들지 못한다. 멀뚱히 이야기만 듣고 있던 아이의 표정에서 부러움과 속상함이 느껴진다. 그만큼 가족 행사가 아이들에게 주는 의미는 크다. 무엇보다도 큰 행사를 치를 때마다 아이들이 놀라우리 만큼 성장하는 것을 느낄 수 있어 가르치는 사람으로서도 뿌듯하다.

가정마다 물론 예상치 못한 일이나 상황이 있을 수는 있다. 급하고 소중한 일이면 우선순위를 두고 먼저 처리하는 것이 당연하다. 그런데 아이가 자랄 때만큼은 아이에게 우선순위를 두어야 한다. 그렇지 않으면 시기를 놓치고 후회를 한다. 아이가 자라는 과정에서 부모가 꼭 필요한 시간을 함께해 주지 못하는 모습을 볼 때마다 안타깝다.

유아기 때는 아이를 위한 일이면 없는 시간도 내야 한다는 것을 막상 나는 내 아이가 다 큰 뒤에야 알았다. 아이는 부모를 기다려 주지 않고 성장한다. 지난 뒤에 후회할 때는 이미 너무 멀리 와 있더라는 말을 주위에서 많이 한다. 어릴 적 부모님과 함께한 행사의 기쁨과 감동은 그 어떤 일보다도 소중한 추억으로 아이 가슴에 남는다. 인생에서 넘어지고 좌절할 때마다 다시 일어설 수 있는 힘의 원동력은 어린 시절 부모님이 준 사랑이었다는 것을 살아가면서 누구나 한 번쯤 느꼈을 것이다.

## 아이의 모든 것은 양육 환경이 결정한다

***

같은 책도 처음 읽을 때와 두 번째 읽을 때 느낌이 다르다. 처음은 내용을 알기 위해 읽지만, 자꾸 읽다 보면 작가의 의도나 책의 장점과 단점 등이 보이며 느낌도 다르게 다가온다. 영·유아기가 그런 시기다. 아이들은 한 살 두 살 먹으며 성장할 때마다 세상을 다른 눈으로 본다. 단순히 한 번 보고 지나가는 시기가 있고, 흥미를 느끼는 시기가 있고, 발전시키는 시기가 있다. 이 모든 과정을 거쳐야 자기 것으로 만들 수 있다.

유아기에는 흥미를 느끼고 의욕을 키울 수 있도록 경험과 기회를 많이 제공해야 한다. 아이들은 성장하면서, 부모들이 무엇을 어떻게 채워 주느냐에 따라 성장 폭과 속도가 달라진다. 따라서 호기심을 갖고 흥미를 느끼는 단계부터 스스로 깨우치는 단계까지 다양한 경험을 하도록 해 주어야 한다.

어린이집에서는 연령마다 발달 수준에 맞게 프로그램을 짠다. 그래서 연령별 교수 방법도 다르고, 교재도 다르다. 3세는 교사가 보여 주고 도와주며 따라 할 수 있는 수업이 중심이다. 또한 호기심을 갖고 스스로 터득할 수 있게 기회를 주고 기다려 주는 수업을 한다.

그리고 연령별 교재의 글씨 크기나 글자 양도 다르다. 어린 연령의 아이들 교재에는 그림만 있고 글씨가 없다. 3세 교재는 큰 그림 위주로 글씨가 크게 들어간다. 연령이 높아지면서 그림은 작아지고 내용을 읽을 수 있도록 글이 많아진다. 연령별로 받아들이는 속도는 물론 이해력이 다르기 때문이다.

어린이집에서 매년 주최하는 학습 발표회와 재롱 발표회 등은 경험과 즐거움도 제공한다. 이 또한 연령에 따라 받아들이는 모습이 다르다. 3세 정도가 되면 음악이나 교사의 행동에 흥미를 느끼면서 조금씩 몸을 움직여서 따라하기 시작하고, 4세 정도가 되면 자신도 뭔가 할 수 있을 것 같다는 욕구에 스스로 몸을 움직여 따라한다. 5세부터는 자아 개념이 급속도로 커지면서 경쟁의식도 생기고, 부모님께 보여주고 싶다는 욕구까지 생겨 활동을 열심히 한다. 이렇게 유아기 때는 어른들이 상상하지 못할 정도로 육체와 정신이 성장하는 시기이다.

하루는 한 엄마가 여섯 살 남자아이를 데리고 입학 상담을 하러 왔다. 입학 원서를 쓰며 아이 성격이 내성적이고 소심해 속상하다고 했다. 먼저 다니던 곳에서도 똑같은 이야기를 했는데 일 년이 지나도 아이에게 변화가 없다며 하소연했다.

하지만 입학하고 오래 지나지 않아 문제의 원인이 어린이집보다는 가정에 있다는 것을 알게 되었다. 창민이는 생일이나 행사날, 기념일에는 어린이집에 오지 않았다. 개인 사정으로 어린이집에서 하는 어떤 행사에서도 창민이는 물론 부모님의 모습을 찾아볼 수 없었다.

창민이는 또래들과 함께한 시간이 적고, 어린이집 행사에도 빠지다 보니 또래들과의 대화에 낄 수가 없었다. 시간이 지나면서 창민이 스스로 위축되어 말수가 줄고, 또래들과 어울리려 하지 않았다. 창민이가 소심해지는 이유였다.

　영·유아기는 양육 환경이 아이의 행동과 성격으로 나타난다. 따라서 아이에게 문제가 보이면 양육자는 자신의 태도나 행동을 먼저 되돌아봐야 한다. 소심하고 위축되어 자기 표현을 못하는 아이 또한 부모의 양육 환경에서 오는 문제인 경우가 많다. 창민이도 또래들과 함께 한창 경험하고 느끼면서 표현하고 자라야 할 유아기를 부모의 개인적인 양육 방법으로 인해 때를 놓치고 있었다.

　3세 이후의 경험은 아이에게 그때그때 다른 느낌을 주어 변화가 가능하도록 돕는다. 자라는 만큼 느끼는 감정이 다르고 생각이 다르게 자리를 잡기 때문이다. 어린이집 한 곳을 3~4년씩 다니면서 매년 똑같은 행사를 경험하지만, 그때마다 아이들이 받아들이는 세계는 무궁무진하고, 천차만별이다.

# 3

✩

# 직장과 육아에
# 지친 엄마들

아이가 유치원에 다닐 나이가 되면 일하는 엄마들은 자기 분야에서 전문가로 인정받을 만한 능력과 경험을 갖추게 된다. 엄마들은 바라던 목표가 눈앞에 있는 것만 같아 성취감도 생긴다. 아이가 어릴 때는 불안하고 미안했는데, 그 시기가 지나고 나서는 아이 혼자 밥도 잘 먹고 친구들과 잘 어울려 노는 걸 보며 여유가 생긴다.

그러면 그동안 바빠서 늘 미안했던 엄마는 마음이 한결 편해지기 시작한다. 오랜 시간 힘들게 참고 이겨 낸 덕에 이제 그 대가를 받는 것 같아 자신이 대견스럽게 느껴진다. 그리고 이제 일만 열심히 하면 모든 것이 잘될 것 같은 자신감도 생긴다. 실제로 아이를 키우며 일하는 것은 힘들지만, 적응을 하다 보면 아무 문제가 없어 보인다. 정말 아이는 물만 주면 쑥쑥 자라는 콩나물같이 커 간다고 느껴진다.

자아 개념이 완성되는 7살이 되면 아이 또한 스스로 다 컸다고 생각하며 자기가 하고 싶은 대로 하려 든다. 하지만 이때 사랑과 관심을 받고 자란 아이와 그렇지 못한 아이는 세상을 바라보는 태도가 다르다. 영·유아기에 충분한 사랑과 관심으로 키우면 지금보다 더 많은 아이들이 더 행복한 삶을 살 수 있다. 이때가 인생의 뿌리를 만드는 중요한 시기이기 때문이다.

그런데 잘 키우는 것도 중요하지만, 잘못된 것을 바로잡아 주는 것도 이때다. 아이는 세 살이 되면서부터 살아가는 방법을 배우기 위해 보고 듣는 모든 것을 여과없이 받아들인다. 이때 양육자의 제대로 된 가르침이 필요하다. 하지만 바쁜 엄마는 아이가 나이를 먹을 때마다 어떻게 성장하는지, 성장에 맞춰 무엇을 어떻게 해주어야 하는지 모른 채 그냥 지나치는 경우가 많다. 세월이 흐른 후에 알게 되어 사랑과 관심을 주려고 하지만 때를 놓치면 쉽지 않다. 워킹맘이 가사와 육아와 일을 모두 완벽하게 해내기가 쉽지 않은 이유다.

만약 일 때문에 아이를 종일반에 맡겼을 때, 아이에게서 문제점이 보인다면 가장 많은 시간을 보내는 기관과 상의하는 것이 현명한 방법 중 하나다. 아이의 일과를 정확히 파악해야 제대로 대처할 수 있기 때문이다. 유아교육기관도 마찬가지다. 아이에게 문제점이 보이면 부모와 상의해야 이유를 알고 해결해 줄 수 있다.

직장 일로 많은 시간 아이와 함께하지 못하는 엄마들은 어린이집이 또 다른 가정이라고 생각하고 맡겨야 한다. 뉴스에서 안 좋은 사례가 나와 불안한 마음도 물론 있을 것이다. 그러므로 처음 어린이집을 알아볼 때 충분히 검토하고 신중하게 선택해야 한다. 선택한 다음에는 어린이집과 함께 키운다는 마음으로 믿고 소통해야 한다. 어린이집과 부모가 상호 보완적인 역할을 할 때, 아이는 건강하게 성장할 수 있기 때문이다.

바쁘고 지친 워킹맘이라면 반드시 알아야 할 것이 있다.

* 아이 스스로 정리 정돈을 할 수 있도록 하여 책임감을 길러 줘야 한다.
* 함께 있지 못하는 미안함에 모든 것을 돈으로 해결하려 해서는 안 된다.
* 아이에게 이상 행동이 있을 때는 반드시 원인을 밝혀 바로 문제를 해결해야 한다.
* 아이가 혼자 있는 시간이 많으면 부작용이 생길 수 있다.

이는 바쁜 워킹맘으로 살아가면서 아이를 바르고 건강하게 키우기 위해서 염두에 두면 좋을 내용이다.


## 정리 정돈 습관을 가르쳐라
***

대학생인 아들은 지금도 자기 방 정리를 제대로 하지 못한다. 두 아이가 어릴 때 바쁘게 사느라 정리 정돈하는 법을 가르쳐 주거나 보여 준 적이 별로 없었기 때문이다. 늘 시간에 쫓기다 보니 아이가 놀고 나면 엄마인 내가 정리해 주거나 가사 도우미가 대신 해 주었다. 아이에게 가끔 혼자 정리하라고 시켜도 애교로 무마하며 그냥 넘어가는 날이 더 많았다.

어린이집에 입학하고 난 후에도 이것은 나아지지 않았다. 어린이집에서 배우고 오지만, 집에서 스스로 할 수 있는 기회를 주지 않았기 때문이다. 정리 정돈이 몸에 배지 않은 아들은 커서도 자기 옷이나 물건을 정리해야 한다는 필요성을 크게 느끼지 못했다. 어느 순간부터는 가끔씩 정리하라는 엄마 말도 잔소리로 흘려들었다.

어린이집에서 정리 정돈을 가르치려고 할 때 하지 않으려는 아이들이 있다. 가정에서 엄마와 함께 해 본 적이 거의 없는 아이들은 낯선 행동이라 여겨서 받아들이려 하지 않는다. 그런 아이들은 자기 물건에 애착심도 없어 잘 챙기지도 않고 자주 잃어버린다. 정서도 산만해서 한 곳에 집중하지 못하고 늘 어수선하다.

어린이집에는 교구나 교재를 정리할 수 있도록 수납장이 있고, 장난감을 종류별로 정리할 수 있도록 표시해 둔다. 또 사물함과 수납장을 아이들 키 높이에 맞추고 스티커나 사진을 붙여 놓는다. 그래서 조금만 교육을 받으면 혼자서도 충분히 정리가 가능하고, 매일 반복 학습을 통해 습관으로 길러질 수 있다. 또한 어린이집에 입학하면 신발 벗는 것부터 겉옷 걸기, 가방이나 물건을 사물함에 넣는 것은 물론 가지고 논 장난감이나 교구를 혼자 정리해야 한다. 정리 정돈 교육이 기본 생활습관 수업으로 많은 비중을 차지한다.

교구놀이나 교재를 이용한 학습 시간이 끝날 때마다 아이들은 정리 정돈을 한다. 이때 가정에서 정리 정돈을 하는 아이는 자연스럽게 잘한다. 같은 종류나 모양끼리 분류하고 제자리를 찾아 정리를 한다. 혹 언어를 모르더라도 문자와 모양만 보고 표시된 곳에 정리한다.

하지만 어리다고 생각해 보호만 받는 아이는 정리 정돈하는 모습을 본 적이 없고 배운 적이 없어 힘들어 한다. 제자리가 어디인지 모르고 분류하는 것을 싫어해서 한꺼번에 쌓아 놓으려고만 한다. 스스로 하려는 마음이 없으니 제대로 하지 않고 흥미도 없다. 졸업할 때까지 매일 하는 교육이지만 아이마다 받아들이는 모습이 다르다.

유아기 때 정리 정돈은 교육적인 면에서도 유익하다. 사물의 이름이나 모양이 표시된 장소에 정리함으로써 언어를 배울 수 있고, 같은 종류나 모양을 분류하면서 수학적 개념 형성에도 도움이 된다. 하지만 가정에서 하지 않으면 어린이집에서도 연계 교육이 이루어지지 않아 습관으로 자리잡기가 쉽지 않다. 아이가 어리다고 시키지 않거나, 해도 마음에 들지 않는다고 엄마가 다시 한다면 아이는 정리 정돈을 배울 기회를 상실한다. 정리 정돈은 부모가 모범을 보여 주고, 놀고 난 장난감을 치우는 것도 놀이의 일부분이라는 것을 가르쳐 주어야 스스로 정리하는 습관을 갖게 된다.

## 낮잠을 재우지 말라는 엄마

***

"선생님, 우리 아이 낮잠 많이 자요?"

"왜요? 어머니, 무슨 일이라도 있으세요?"

"아이가 낮잠을 많이 자서 그런지 저녁에 잠을 안 자요. 저까지 못 자게 해서 너무 힘드네요."

"어떡해요? 어머니가 피곤하시겠네요."

"말도 마세요. 집안일 하다 잘 시간 돼서 자려고 하면 잠이 안 온다고 놀자고 해요. 애 잠들기 기다리다 제가 먼저 자면 제 눈을 까뒤집고 자지 말라고 해서 밤마다 씨름해요."

"그 정도예요?"

"네, 그러니까 우리 아이는 낮잠 재우지 마세요."

"어떡해요? 어머니가 많이 피곤하시겠어요. 그런데 어머니, 지민이 나이 때는 낮잠을 안 자면 오후 활동을 힘들어해요. 또 짜증이 늘어나요. 낮잠은 아이들 발달에 필수예요."

"그래도 재우지 마세요."

워킹맘들은 잠을 못 자면 일과 육아라는 두 가지 일을 해내기가 힘들다. 하지만 네 살짜리 아이의 발달에 낮잠은 필수이고, 규칙적인 수면 리듬도 아이가 몸에 익히도록 해야 한다. 어린이집에서는 연령별 발달 수준에 맞춰 낮잠 자는 시간을 정해 놓는다. 낮잠이 아이들의 성장 과정에 많은 영향을 끼치기 때문이다. 충분한 수면을

취한 아이는 오후 활동도 의욕적으로 한다. 아이들에게 충분한 낮잠은 왕성한 신체 활동으로 인한 두뇌의 활성화를 돕는다. 또한 4세만 2세까지는 아직 양육자나 교사에게 의존하는 시기이므로 규칙적인 보호와 교육이 필요하다. 따라서 생리적인 욕구를 채워주고 건강한 활동을 하도록 도와야 한다.

어린이집 교사는 아이들이 편안하고 안정감 있게 잠을 잘 수 있도록 잠자리를 준비하고 조용한 음악과 자장가를 들려준다. 잠들지 못하는 아이는 토닥여 주고 안아서 재우기도 한다. 반 아이 모두가 잠이 들면 교사는 가정으로 보낼 일일 영아 일지를 작성한다.

나도 두 아이를 키울 때 비슷한 경험을 한 적이 있다. 낮에 어린이집을 다니는 두 아이는 잘 시간만 되면 자기 싫다고 떼를 썼다. 처음에는 어린이집 낮잠이 이유라고 생각해서 전화를 했다. 그런데 어린이집에서는 정해 놓은 시간만큼만 재운다고 했다. 그래서 집에서의 생활을 돌아봤다. 아이들 아빠가 퇴근이 늦어 잠자리에 드는 시간이 늦었다. 늦게 잠드는 가정환경이 문제라는 것을 알았다.

그 이후로는 저녁 9시만 넘으면 조용한 음악으로 잠자는 분위기를 만들고 두 아이와 함께 누워서 책을 읽어 주었다. 처음엔 질문도 하고 말을 많이 해서 쉽지 않았다. 책을 읽다가 내가 먼저 잠들어 저녁에 할 일을 못해 난처한 일도 여러 번 있었다.

하지만 아이들이 밤에 잠을 못 자면 낮에 짜증을 내고 의욕이 없는 것을 알고부터는 악착같이 바꾸려고 노력했다. 한동안 일찍 자는

생활을 했더니 두 아이가 바뀌기 시작했다. 아빠의 귀가 시간과 상
관없이 일찍 잠자리에 들었다. 두 아이의 취침 시간이 빨라지니 계
획한 일들을 여유 있게 할 수 있어서 하루 일을 마무리하고 잠자리
에 들 수 있었다.


## 미안함을 돈으로 해결하지 마라
***

유진이는 하원할 때 친구 여러 명과 함께 갈 때가 많았다. 그때마
다 유진이는 친구들을 자기 집에 데리고 가거나, 먹을 것을 사서 나
눠 먹었다. 맞벌이 가정이라 집에 가 봐야 아무도 없어서 어린이집
이 끝나면 친구들과 함께 어울리는 것이었다. 유진이랑 함께 가는
친구들은 대부분 같은 아파트에 살았다. 교사들은 하원할 때 "먼저
집으로 가서 부모님께 허락받고 친구랑 놀러 가야 돼요. 알았죠?" 하
고 지도한다. 하루는 친구들과 우르르 몰려 나간 유진이가 웬일인지
얼마 안 있다가 혼자서 원으로 돌아왔다.

"유진이가 다시 왔구나? 왜, 친구들은 모두 집에 갔어?"

"네."

"한 친구도 안 남고 다 갔어?"

"네."

"그랬구나! 오늘은 친구들도 다 바쁜가 보네?"

"그게 아니라 오늘은 돈이 없어서 친구들에게 먹을 것을 못 사 줬어요."

"엉? 그럼 매일매일 친구들에게 먹을 것을 사 줬어?"

"네. 엄마가 맨날 친구들하고 사 먹으라고 용돈 줘요. 그런데 오늘은 내가 잘 때 엄마가 나가면서 안 주고 갔어요. 그래서 친구들하고 사 먹지 못했어요."

"그랬어? 선생님이 보기에는 유진이가 안 사 줘서 그런 게 아니고 엄마가 찾으니까 빨리 간 것 같은데?"

"아니에요. 내가 사 줄 때는 엄마가 오라고 해도 안 가요. 그런데 오늘처럼 안 사 주면 그냥 가요."

유진이 부모님은 큰 회사에 다닌다. 아빠는 직급이 높다 보니 일찍 출근하고 늦게 퇴근한다. 주말에 집에 있어도 자느라 유진이와 놀아 주지 않는다. 아이들을 돌보고 함께 보낼 여유가 없는 아빠였다. 엄마는 회사에서 바이어 업무까지 하느라 해외 출장이 잦고 일이 많다. 시간이 없으니 아이들 문제는 돈으로 해결하는 상황이었다.

유진이 오빠는 학교가 끝나면 학원에 가고, 또 집에서 가정방문 과외를 한다. 유진이도 저녁때는 학습지 선생님이 매일 온다. 집안일은 도우미 아줌마가 한다. 유진이 엄마에게 유진이의 원 생활에 대해서 이야기하려고 전화하면 "선생님, 죄송해요. 지금 바쁘니까 제가 나중에 연락하겠습니다." 하고 끊는다. 그러고는 연락이 없다.

입학 당시 유진이는 얌전해 보였다. 옷도 잘 입는 것이 누가 봐도 넉넉한 가정의 아이 모습이었다. 그런데 시간이 지나면서 아이답지 않은 행동이 눈에 띄게 많아졌다. 일곱 살 아이가 갖춰야 할 기본 행동이나 습관도 많이 부족했다. 행동도 천방지축이었다. 아이들에게 돈을 쓸 때는 놀라울 정도로 당당하지만, 돈이 없을 때는 소심한 아이로 변했다. 친구들은 유진이가 먹을 것을 사 줄 때는 함께 어울렸지만, 안 사 줄 때는 놀아 주지 않았다.

그래서 유진이 엄마에게 상담을 하고 유진이에게도 설명해 줬지만 같은 행동이 반복됐다. 유진이는 선생님과 친구들에게 사랑을 받고 싶어 했지만 마음과 달리 행동은 자기 멋대로 했다. 교실에서도 담임선생님 주변을 맴돌며 늘 관심을 받고 싶어 했다. 담임선생님은 유진이와 아이들에게 스킨십을 자주 하는데도 유진이는 더 안기고 싶어 했다.

또한 유진이는 친구들에게 받고 싶은 관심을 먹을 것을 사 주는 것으로 해결하려고 했다. 하지만 자기 뜻대로 하려는 욕구가 많다 보니 친구들이 곁에 머물러 있지 않았다. 그래서 유진이를 지켜보면 친구들이 우르르 몰려왔다가 우르르 떠나는 모습을 자주 볼 수 있었다. 밝고 좋은 것만 보고 자라야 할 시기에 세상을 너무 일찍 터득해 가는 유진이 모습을 보면서 안타까웠던 기억이 지금도 남아 있다.

워킹맘 자녀들은 외롭고 힘든 시간이 많다. 우리 아이들도 엄마가 없는 시간이 힘들었다고 다 커서야 속마음을 털어 놓아 가슴이 무척 아팠다. 아이들이 어릴 때 나는 유아교육자라는 직업이 자랑스러웠다. 아이도 키우며 자아실현도 할 수 있으니 얼마나 좋은가? 나는 아이를 잘 키울 수 있을 것이라고 자신했다.

　하지만 일하는 엄마는 한계가 있었다. 아이들과 함께 있어 주지 못해 외롭게 했고, 엄마에 대한 갈증을 늘 해결해 주지 못했다. 그것을 알고 난 후부터는 휴일만이라도 아이와 함께하려고 노력했다. 그리고 마음 속으로 '아무리 바빠도 짧은 시간이라도 내서 아이와 함께 놀아 주자.', '아이 말에 귀 기울이자.', '미안한 마음이 있어도 돈으로 보상하지 말자.', '물질적인 것보다 사랑으로 아이를 키우자.', '힘들어도 최선을 다하고 당당한 엄마가 되자.'라는 규칙을 정해 실천하려고 했다. 하지만 엄마의 빈자리는 어떤 것으로도 채워지지 않는 것 같다.


## 현상을 보지 말고 원인을 파악하라

***

　가정에서 사랑받는 아이는 무엇을 해도 자신감이 있다. 반면 충분한 사랑을 받지 못하거나 가정생활이 불안정한 아이는 주눅이 들어 있고 마음에 여유가 없다. 부모에게 사정이 있어 일시적으로 보살핌을 받지 못하게 되도 얼굴에 금방 드러난다.

　입학 당시 다섯 살이던 성진이는 또래들보다 소극적이고 얌전했다. 담임선생님은 언어발달이 늦어서 그렇다고 생각했다. 그러나 어떤 학습 활동에도 흥미를 느끼지 않았다. 동적인 것을 좋아하나 싶어 살펴보면 금방 싫증을 내고 주변만 맴돌았다. 말은 별로 없지만 손이나 행동은 가만 있지 않았다.

친구들과 의사소통도 원만하지 않았다. 친구들도 성진이와 어울리기를 꺼리고 성진이도 어울리려는 의지가 없었다. 그럴수록 또래에서 뒤처지고 활동 때도 산만하여 아이들에게 따돌림을 당했다. 처음엔 맞벌이 가정이라 부모 사랑을 제대로 못 받아서 그런가 보다 생각해서 더 챙겨 주며 말도 많이 걸어 주었다. 하지만 성진이가 가진 문제가 단순히 신경을 덜 써서 생긴 문제는 아닌 듯하여 성진이 엄마와 상담을 했다.

"성진이가 어린이집 생활에서 산만하고 집중도가 떨어져 학습에까지 영향을 주고 있는데 가정에서 생활은 어떤지 궁금해서요."

그러자 성진이 엄마는 "친구들이 안 놀아 주니까 성진이가 어린이집에 가기 싫다고 해요. 그런데 선생님은 성진이가 산만한 게 집에서 문제가 있어서 그런 것처럼 얘기하네요? 그 또래 남자아이들은 다 그렇게 크는 것 아닌가요?"라고 했다. 성진이 엄마는 성진이의 태도가 당연하고 친구들 때문에 보이는 행동이라고만 이야기하며 심각하게 받아들이지 않았다.

하지만 어린이집에 적응할 시기가 지나도 성진이는 여전히 집중력이 떨어지고 안정감이 부족했 보였다. 약해 보이는 친구나 여자아이들을 거칠게 대해 다툼도 자주 발생했다. 한참 지나서 성진이 엄마에게 다시 상담 요청을 드렸다. 그동안 성진이의 관찰일지를 보며 행동과 태도에 대해 이야기했다.

처음에는 말없이 듣고만 있던 성진이 엄마는 이야기가 길어질수록 한숨을 내쉬었다. 담임선생님은 성진이의 행동을 해결해 주려면 가정과 원이 함께 노력해야 한다고 설득했다. 그러자 성진이 엄마는 무겁게 입을 열더니 가정환경에 대해 이야기했다. 성진이에게 배다른 형이 있는데 지적 장애를 가지고 있어 고등학생 나이인데도 정신연령은 8세 미만이라고 했다. 그 형이 성진이를 때리고 괴롭히는 것을 최근에 알았다고 한다.

또한 아빠는 돈 버는 날보다 술에 취해 들어와 소리 지르는 날이 더 많다고 했다. 큰아이, 작은아이 모두 보살핌을 받아야 할 시기에 엄마가 일을 해서 둘만 있는 시간이 많다는 것이었다. 근래 들어 성진이가 집에서 짜증도 많이 내고 부쩍 잘 울어서 물어봤더니 그제야 형 이야기를 하며 서럽게 울었다고 한다.

그런데 엄마는 직장에서 오면 가정일을 돌보느라 성진이 이야기를 들어 주고 마음을 헤아릴 시간이 없다고 했다. 힘들어하고 짜증이 많아도 피곤해서 그런가 보다 했는데, 그 이야기를 듣고 엄마는 미안하고 속상해서 성진이를 안고 펑펑 울었다고 한다. 이야기하는 엄마 얼굴에서 힘든 생활이 느껴졌다.

성진이가 보였던 행동의 원인을 알고 나서부터 담임선생님은 신경을 더 많이 써 주고 보살펴 주었다. 엄마도 힘들지만 성진이와 더 많은 시간을 보내려고 노력하며 자주 안아 준다고 했다. 점차 좋아지고 밝아지던 성진이 모습을 보며 흐뭇해하던 엄마 모습이 기억에 남아서인지 아이가 보내는 신호나 감정을 알아채지 못한 채 힘들어하는 엄마나 아이를 보면 그때 생각이 난다.

유아기 아이들은 밝고 명랑하며 호기심으로 가득 차 있다. 또 사랑받고 싶어 하고 표현하고 싶어 한다. 그 모습을 지켜 주고 채워 주는 것은 부모의 몫이다. 아이가 그렇지 않다면 분명 이유가 있는 것이다. 가정에서는 부모가, 교육기관에서는 교사가 이것을 찾아서 해결해 주어야 한다.

또한 가정 문제가 반복적으로 아이에게 영향을 미치면 아이는 밖에서도 위축되어 자신감을 잃는다. 어린이집에서 아무리 신경을 써 주고 잘해 주더라도 한계가 있다. 아이가 평소와 다른 행동을 하고 욕구불만을 표출하거나 의기소침해 있으면 즉시 원인을 찾아서 바로 해결해 주는 것이 중요하다.


## 아이를 혼자 방치하지 마라
***

어린이집은 연령별로 반을 구성하고, 교사 1인당 담당하는 아동 수가 정해져 있다. 아이들은 나이를 한 살씩 먹으면서 더 많은 또래들과 어울리게 되고 새로운 행동도 하나씩 늘어 간다. 2세, 3세, 4세 때는 크는 모습만 봐도 놀랍고 신기하다. 하지만 자아 개념이 발달하는 5세가 되면 예상치 못한 돌발 행동을 많이 한다. 처음 경험하는 부모도, 가르치는 교사도 당황하는 일이 많다. 5세 이후는 육체적·정신적으로 부쩍 성장하는 시기여서 아이들 행동 하나하나에 제대로 대응하지 못하면 난처한 상황이 발생하기도 한다.

예를 들면, 자기 신체의 일부분인 성기를 갖고 놀거나 자위행위를 하는 아이 모습을 처음 접했을 때가 그중 하나다. 유아기에 성기를 만지다가 재미를 느껴 장난감처럼 자주 만지는 아이가 있는가 하면 화장실이나 책상 혹은 혼자 있는 장소에서 만지는 아이도 있다. 이런 경우, 경력이 많지 않은 교사나 나이 어린 교사들은 당황하게 마련이다. 이런 행동을 처음 경험하는 엄마가 놀라고 당황해서 어린이집으로 상담을 요청하는 경우도 있다.

아이들의 자위행위는 사실 성적 호기심에서 기인하는 것이 아니다. 커 가는 과정에서 일시적으로 겪고 넘어가는 게 대부분이다. 하지만 가끔 예외인 아이도 있어 부모나 교사가 홍역을 치르기도 한다.

일곱 살이 된 현준이는 어느 날인가부터 수업 시간만 되면 화장실에 가고 싶어 했다. 처음 며칠은 먹는 양이 늘어서 그런가 보다 생각했다. 그런데 시간이 지날수록 그 횟수가 늘었고, 한 번 가면 생각보다 오래 걸렸다. 그래서 수업 시간에는 정말 급할 때만 가고 쉬는 시간에 가라고 이야기했다. 하지만 다른 아이가 가면 자기도 급하다고 해서 잘 지켜지지 않았다. 현준이를 며칠 관찰했더니 쉬는 시간에는 화장실에 가지 않았다.

그날도 현준이는 수업 시간에 화장실이 급하다며 보내 달라고 했다. 그래서 "이번만 수업 시간에 보내 주고 쉬는 시간에 안 가면 수업 시간에도 안 보내 줄 거야."라며 화장실에 보냈다. 그런데 또 한참이 지나도 오지 않았다. 무슨 일인가 하고 화장실에 가 봤더니 자위행위를 하고 있었다.

담임선생님은 현준이 어머니에게 상담 전화를 했다. 어릴 때부터 부모가 맞벌이를 하느라 늘 종일반을 보냈는데, 올해부터는 정규반이 끝나고 집에서 혼자 놀고 싶다고 해서 일찍 귀가하도록 했다고 한다. 그런데 어느 날 퇴근하고 와서 깜짝 놀랐다고 한다. 아이는 엄마가 들어오는 줄도 모르고 텔레비전을 보며 자위행위를 하고 있었다는 것이다. 엄마도 처음에는 너무 놀라 혼내면서 하지 말라고 했다고 한다. 그 후로 본 적이 없어 안심했는데 어린이집에서 한다는 담임선생님의 말을 듣고 현준이 어머니는 몹시 당황했다. 그 뒤 현준이는 다시 종일반을 하게 되었고 시간이 지나면서 자위행위도 없어졌다.

여섯 살 여자아이인 지선이는 얌전하고 내성적이지만 무엇이든 스스로 하려는 의욕이 많아 가르치는 대로 잘 따라 하고 이해 능력이 빨라 무슨 일이든 잘 해내는 아이였다. 하지만 남동생이 태어난 뒤부터 더 말이 없어져 신경을 많이 써 주고 있었다. 그런 지선이가 어느 날부터인가 의자에 앉아 있으면 얼굴이 빨개지고 불러도 대답을 하지 않았다.

평소의 행동과 달라서 다가가서 보면 의자 모서리 쪽에 앉아서 무엇인가에 열중하고 있었다. 엄마와 통화하고 나서 처음 있는 일이 아니라는 것을 알게 되었다. 엄마가 시간제 일을 하고 있어 집에서 혼자 보내는 시간도 많고, 동생에게 사랑을 뺏겼다고 생각해서 하는 행동 같다며 그동안의 일을 이야기했다.

이러한 문제가 발생하면 대부분의 아이들은 짧게 겪고 지나가지만, 혼자 보내는 시간이 많거나 부모의 관심을 못 받는 아이는 어른의 도움이 있어야 문제를 해결할 수 있다. 혼자 시간을 보낼 줄 몰라 심심해서 하는 아이도 있지만, 애정 결핍으로 인해 정서적 외로움을 느껴서 하는 아이도 있다.

부모의 부부 행위를 보고 따라 하는 아이도 있었다. 자영업을 하는 부부는 늦둥이 아들 승호의 얼굴 볼 시간이 없고 안쓰럽다며 밤에는 함께 잤다. 그러던 어느 날 승호는 자다가 엄마, 아빠의 낯선 모습을 처음 보게 되었다. 아침에 등원한 아이의 표정이 안 좋아서 물어봤더니 밤에 본 부모님 모습을 이야기했다. 부모님에 대한 충격과 부정적인 생각에 대해 설명을 해 주고 안아 주었다. 그렇게 잘 지나갔다고 생각했는데 어느 날 화장실에서 자위행위를 하는 승호의 모습을 보게 되었다.

또 부모의 방관과 무관심으로 기본 예절을 제대로 배우지 못한 아이들이 또래들에게 따돌림을 당하는 경우도 있다. 아이들 세계에도 질서와 규칙이라는 게 있다. 이를 잘 지키는 아이와는 어울리고 싶지만 자기 멋대로 행동하는 아이와는 어울리기를 꺼린다. 가정에서 잘 배운 아이들은 새로운 환경에서 새로운 또래들을 만나도 적응하는 데 아무런 문제가 없다.

하지만 기본을 모른 채 행동하는 아이는 또래 관계도 원만하지 않다. 이런 아이들은 어린이집에서도 가르치는 게 쉽지 않다. 가정에서 배운 적이 없어 필요성을 느끼지 못하기 때문이다.

7세 반 현규는 제멋대로 행동하는 아이다. 책을 많이 읽어 아는 것은 많지만 아이들과 어울릴 때 양보나 타협을 모르고 자기중심적이다. 또 덩치에 비해 잘 징징거린다. 지저분한 행동을 할 때도 있다. 가끔 코를 후비고는 손가락에 묻은 코딱지를 아이들에게 묻히려고 덤빈다.

또래 아이들은 이런 행동 때문에 현규와 어울리기를 꺼려 한다. 여자아이들은 현규의 지저분한 행동을 유독 싫어한다. 착하고 똑똑하지만 제멋대로 해서다. 자신이 문제라고 느끼지 못하고 그런 행동 때문에 친구들과 함께 어울리지 못하면 어린이집에 오기 싫다고 한다. 교사가 중재 역할을 하지만 아이들은 여전히 현규와 어울리기를 꺼려 한다.

현규는 아빠와 할머니와 사는 편부 가정 아이다. 할머니가 몸이 아프고 불편하여 현규를 제대로 돌볼 수 없는 상황이다. 어린이집에서 종일반을 하고 집에 가면 할머니와 둘이 지낸다. 책을 읽거나 장난감을 가지고 놀다 저녁을 먹으면 컴퓨터나 텔레비전을 보다가 잠이 든다. 할머니는 몸이 안 좋아 현규와 시간을 보낼 기력이 없어 먹을 것을 챙겨 주는 게 전부다. 가정에서 배워야 할 기본 예절을 가르쳐 줄 사람이 없는 것이다.

과제물도 혼자 하다 안 되면 다음 날 그냥 가져온다. 현규 엄마는 재혼해서 연락이 끊겼고, 직장에 다니는 아빠는 책과 장난감을 사 주는 게 전부다. 주말에도 아빠 얼굴을 볼 수가 없다. 혼자 텔레비전을 보거나 컴퓨터 게임을 하고 때때로 책을 보며 보낸다. 현규는 놀이터에 나가는 것도 싫어했다. 가족과 부대끼며 배려, 예절, 규칙을 배워야 하는데 그럴 기회가 없었던 것이다.

긍정적이고 배려심이 많은 아이 옆에는 늘 친구들이 끊이지 않는다. 반대로 자기중심적이고 감정 조절이 안 되는 아이에게는 친구가 없다. 또 친절하고 센스 있는 아이는 인기가 좋지만, 철없고 징징대거나 의타심이 많은 아이는 친한 친구들이 거의 없다. 남에게 피해를 주고 이기적인 사람을 싫어하는 것은 유아들의 세계에서도 마찬가지다.

유아들의 자위행위는 단순한 호기심에서 출발한다. 5세부터 자기 몸에 대한 호기심이 생기는데, 아이들은 그저 놀이의 한 종류라고 생각한다. 그래서 성장기 유아들은 오랜 시간 방치하거나 혼자 두어서는 안 된다. 자위행위를 한다고 여겨지면 아이의 행동으로 인해 몸에 균이 들어가 상처가 날 수도 있고, 아픈 상황이 발생할 수도 있다고 알려 주어야 한다. 또한 몸의 기능을 알려 주고 성기의 소중함도 가르쳐 줘야 한다. 이런 일을 발견했을 때 부모가 당황하거나 혼내면 사람이 없는 곳에서 더 하게 되는 게 아이의 심리다. 습관이 되기 전에 부모가 지혜롭게 대처해야 한다.

며칠 전 신문에 우리나라 국민 중 많은 사람들이 한 가지 이상 중독에 빠져 있다는 기사가 났다. 유아기 때 아이는 욕구가 충족되지 않고 보호자의 관심을 받지 못하면 혼자 터득한 방법으로 시간을 보내는 데 익숙해진다고 한다. 컴퓨터나 게임 중독이 그런 예다. 중독 행위는 고쳐야 할 시기를 놓치면 습관으로 굳어져 고치기가 어렵다. 또한 이런 아이들은 자기 절제력이 함께 발달하지 않아 바꾸기가 더욱 쉽지 않다. 자신이 알고 고치려고 해도 때가 늦으면 고치지 못하는 이유다. 어린 시절의 중독성은 성인이 되면 알코올이나 도박 중독으로 이어질 확률이 높다고 한다.

감정이 지배하는 아이들은 즐겁고 흥미를 느끼면 언제든 시선을 돌리게 마련이다. 다른 곳으로 마음을 돌리지 않도록 자녀들이 충분한 사랑을 받고 있다고 느낄 수 있도록 항상 시선을 맞추고 있어야 한다. 부모가 사랑과 관심으로 함께 시간을 보내고 아이의 욕구를 채워 주면 자위행위는 금방 지나가는 소나기일 뿐이다.

# 3장

베이비 맘에서
탈출하라

베이비 맘에서 탈출하라

# 1

★☆

# 일과 육아의
# 균형을 맞춰라

지금까지 자식을 키우며 살아 보니 부모 인생의 반쪽을 주고 얻는 게 자식이 아닌가 하는 생각이 든다. 늘 함께해야 하고 아프면 같이 아프고 잘되면 함께 기뻐하며 떨어져 있어도 한 몸 같은 마음으로 살기 때문이다. 또한 자식이 밖에서 잘하면 부모가 칭찬받고 자식이 잘못하면 부모가 죄인이 된다. 죽을 때까지 떼어 놓을 수 없는 내 몸의 일부라고 생각하며 살아야 하는 게 자식인 듯하다.

나는 맞벌이하느라 큰아이는 어린이집에 보내고, 돌도 안 지난 작은아이는 친한 이모에게 맡겼다. 어느 날 바쁘게 일하고 있는데 아이를 보는 이모에게서 전화가 왔다. 아이가 다쳐서 병원이라고 했다. 몹시 놀라서 하던 일을 멈추고 달려갔다. 아이는 응급실에 있었다. 보호자 출입금지라 대기실에 있는데, 응급실에서 들려오는 고통스러운 아이의 비명이 내 가슴을 후벼 파서 수술 시간 내내 울면서 기다렸다.

눈 주위를 스무 바늘이나 꿰매고 나온 아들은 퉁퉁 부은 눈으로 엄마를 보자마자 서럽게 울었다. 저녁에 집에 와서 자는 모습을 보며 이렇게 어리고 아픈 아이를 두고 일을 계속해야 하나 하는 자괴감이 들었다. 한숨도 잘 수 없었다. 그럼에도 불구하고 다음 날 떨어지지 않으려고 떼쓰는 아이를 두고 출근을 해야 했다. 그 마음이 어떠했을지 아이 키우는 엄마라면 알 것이다. 20년이 지난 지금도 그때 생각을 하면 가슴이 아려 온다.

이렇듯 일과 육아의 균형을 맞추며 산다는 것은 매우 힘든 일이다. 일이 바빠 아이를 방치하면 무책임한 엄마가 된다. 아이는 아이대로 힘들어하고 엄마는 엄마대로 힘들어 당장이라도 직장을 그만두고 싶어진다. 그러나 때로는 아이에게 바쁘게 일하는 엄마 모습, 열심히 일하며 책임을 다하는 모습을 보여 주는 것도 좋다. 그래야 자녀도 당당한 엄마를 기억하며 열심히 사는 것을 배우게 된다.


## 자신에게 당당하라
★★★

어린이집 운영 경력이 쌓일수록 젊은 엄마들의 상담 요청도 많아졌다. 엄마들은 할 말이 있다고 찾아와서 차 한잔 마시다 보면 아이 때문에 생긴 고민거리를 자연스레 이야기한다.

"원장님, 우리 아이가 맞벌이 가정 친구 집에 갔다 와서 이런 질문을 해요. '친구 엄마는 장난감도 많이 사 주고 예쁘게 하고 다니는데 엄마는 왜 꾸미지도 않고 좋은 것도 안 사 줘?' 그런 말을 들으면 돈을 벌어야 되나 하는 생각이 들고 아이가 말대꾸하면 무시한다는 생각이 들어 자꾸 화를 내게 되네요. 이런 제 자신이 싫어 우울해요."

아이에게 이런 말을 들으면 전업주부 엄마들은 필요 이상으로 미안해하고 자존심마저 상한다. 아이는 자기 집과 달라서 궁금하고, 사고 싶은 것을 마음껏 사는 친구가 부러워 이야기했을 뿐인데 엄마는 아이 기가 죽을까 봐 걱정한다. 이 때 아이 기죽이기 싫다고 무리해서 사 주면 아이는 부모의 능력과 상관없이 계속 사 달라고 조르게 된다. 아이 머리에 '엄마는 조르면 사 주는구나!' 하는 생각이 자리 잡기 때문이다.

전업주부라고 기죽을 필요도 없고 자격지심을 가질 필요도 없다. 부모가 해 줄 수 있는 만큼만 아이에게 최선을 다하는 게 중요하다. 엄마가 알아야 할 것은 아이와 함께 있는 시간이 어떤 것보다도 중요하다는 사실이다. 사 달라는 것, 해 달라는 것을 다 해 준다고 아이가 잘 자라는 것은 아니다. 먼저 부모가 자신을 사랑하고 아끼며 행동하는 모습을 보이고 아이가 잘 이해하도록 도와야 한다.

아이가 성장할 때는 비싸고 좋은 것은 그리 중요하지 않다. 마음껏 느끼고, 마음껏 뛰놀 때 함께 있어 주는 자신감 있는 엄마가 더 필요하다. 엄마가 유아기에 많은 시간을 함께 보낸다는 것은 아이가 가장 좋은 환경을 누리며 자란다는 것을 의미한다.

"아이는 같이 있어 달라고 조르고 일터에서는 책임감을 요구하는데 몸은 하나고, 어떻게 해야 할지 모르겠어요. 두 가지 일을 해서인지 어느 것 하나 만족시키지 못하는 제 자신이 싫어요."라고 말하는 워킹맘들이 있다. 이것은 일하는 엄마들이 제일 많이 고민하며 상담하는 내용이다. 일하는 엄마들은 엄마 역할을 제대로 못하는 것 같아 아이들에게 미안해한다.

그래서 그 미안함을 용돈을 주거나 요구 사항을 들어주는 것으로 보상하려고 한다. 어떤 때는 지쳐서 그냥 포기하고 싶은 순간도 많을 것이다. 일을 잘해야겠다고 마음먹으면 아이에게 문제가 생기고, 그럴 때마다 아이를 잘 키우고 싶지만 일을 놓고 싶지 않은 두 마음 속에서 엄마들은 갈등한다.

하지만 이런 힘든 고비를 이겨 내지 못하면 워킹맘으로 살아갈 수가 없다. 편하고 좋을 때보다 힘들 때 이겨 낼 수 있다는 자신에 대한 믿음이 있어야 한다. 또한 열심히 사는 자신에 대한 자부심도 있어야 한다. 직장과 아이에게 당당하게 표현하는 워킹맘이 되어야 한다는 뜻이다. 그래야 두 가지 일을 잘할 수 있다. 일하는 엄마가 자기 자신을 자랑스럽게 여기며 열심히 사는 모습을 보여 준다면 아이도 무슨 일이든 스스로 잘 헤쳐나가는 자립심 강한 아이로 성장할 것이다.

중요한 것은 전업주부도, 워킹맘도 자신을 사랑할 줄 알아야 아이를 잘 키울 수 있다는 사실이다. 소신 있는 아이 뒤에는 당당하게 살아가는 부모가 있다. 부모가 자기 자신을 스스로 인정하고 소중하게 여기는 모습은 아이에게 긍정적인 영향을 준다. 돈이 부족한 것은 불편한 일이지 아이를 잘 키우는 충분조건이 아니다. 돈은 있는 만큼만 해 줄 수 있지만 마음은 무한정 줄 수 있다. 긍정적인 태도로 현실을 인정하고 자신을 잘 이끌어 가는 부모의 모습을 보고 자란다면 아이도 자신있게 인생을 살아갈 것이다.


## 책임감 있는 엄마가 돼라
***

아이가 태어나면 엄마가 된다. 아이가 생겼으니 엄마 역할을 해야 한다고 하지만 몸과 마음가짐이 달라져야 아이를 잘 키울 수 있다. 아이가 태어났기 때문에 어쩔 수 없이 해야 하는 엄마 노릇과 엄마니까 잘 키워야 한다는 책임감 있는 엄마의 양육은 그 시작부터 다르다. 책임감이 있어야 엄마 역할을 제대로 할 수 있다.

어린이집을 운영하면서 늘 바빴다. 아이들은 낮에는 어린이집에 가고, 오후에는 도우미 아주머니와 있었다. 그때는 그것이 최선이라 생각하며 살았다. 주말에는 두 아이와 함께 지냈다. 장난감을 갖고 놀아 주고, 어릴 적 내가 부르던 노래를 가르쳐 주기도 하고, 뮤지컬이나 인형극을 보러 다니기도 했다.

그리고 평일에는 아이들보다 어린이집 운영에 최선을 다했다. 운영비는 부모님들이 내 주는 것이어서 함부로 쓰면 안 된다고 생각했기 때문이다. 또한 부끄럽지 않은 교육자가 되고 싶었다. 그러다 보니 아이들에게는 소홀한 엄마일 수밖에 없었다. 기본적인 엄마 노릇도 빠듯했다. 짧은 시간 놀아 주고 안아 주고 아이들이 별일 없이 잘 먹고 잘 자라면 일과 공부만 했다. 친구를 만나거나 놀러 다니는 일은 다 미루고 오직 아이 키우고 어린이집 일만 해도 시간이 부족했다.

어쩌다 집안일이나 아이들에게 신경을 쓰다 보면 어린이집에 소홀해졌다. 또 어린이집에 빠져 있다 보면 아이들에게 엄마 손길이 부족했다. 어느 때는 원 운영과 아이 키우는 일이 뜻대로 되지 않아 딜레마에 빠지기도 했다. 그러다 우연히 젊은 시절 열심히 살았지만 속 썩이는 자식 때문에 후회하는 부모를 보고 아이들 클 때까지는 원 운영과 가정에만 충실해야겠다고 결심했다.


## 일과 육아의 균형을 맞추는 게 책임감
***

IMF국제통화기금 때였다. 그때는 온 나라가 경기 침체와 실업으로 생계를 위협받았다. 유아교육기관도 문 닫는 곳이 우후죽순처럼 늘어났다. 우리 원도 예외는 아니어서 많은 아이들이 그만두었고, 몇 달치 교육비를 안 내고 연락 없이 이사를 가는 경우도 있었다. 내심 손 놓고 있으면 우리도 문을 닫을지 모른다는 불안감이 생겼다. 그러나 노력도 안 해 보고 앉아서 무너지고 싶지 않아 자꾸만 일을 찾아서 했다.

매스컴에서 연일 실업자 문제와 가정 해체 소식을 전하고 있을 때였다. 하루는 딸애가 "엄마는 왜 다른 엄마들처럼 우리랑 안 놀아 주고 사무실에서 일만 해?" 하며 울먹였다. 일하느라 함께 시간을 보내지 못하는 딸에게 미안하고 마음이 아파서 꼭 안아 주었다.

며칠 뒤 텔레비전에서 가정 해체로 보육원에 맡겨진 아이들에 관한 이야기가 나오고 있었다. 부모와 떨어져 있다가 토요일에 만나서 일요일 저녁때 또 헤어져야 하는 아이들이었다. 만날 때는 행복한 아이들이 헤어질 때가 되면 떨어지기 싫다고 우는데 텔레비전을 보던 나도 울었다. 딸애도 가슴이 아팠는지 내 품에 안겼다.

화장지로 눈물을 닦으며 "딸아, 저 아이들은 엄마, 아빠와 떨어져 살아서 많이 슬프겠지?" 하고 물었다. "응." 하고 딸애가 고개를 돌려 대답했다.

"그렇지? 엄마, 아빠도 너랑 동생이랑 함께 있고 싶고 놀아 주고 싶어. 그래서 너희랑 떨어지지 않으려고 열심히 일하는 거야. 그러니까 엄마, 아빠가 늦게 와도 이제 동생이랑 울지 않고 기다릴 수 있지?"

딸은 내 품에 안긴 채로 "동생이랑 잘 놀면 텔레비전에서처럼 엄마, 아빠랑 떨어지지 않는 거야?" 하고 물었다.

돌이켜 보면 정말 여유 없이 바쁘게 살았다. 우리 애들 머리에도 '바쁜 엄마'로 인식되어 자기 일은 스스로 했다. 더 많이 함께 있고 싶었지만 일하면서 할 수 있는 만큼만 해주고 사랑하며 키웠다. 함께 있는 시간이 짧다 보니 한 번을 안더라고 더 절실하게 안아 줬고, 함께하는 순간만큼은 후회 없이 사랑해 주며 보냈다.

지금까지 엄마라는 책임감이 있어서 가정과 일 두 마리 토끼를 잡을 수 있었다. 어린이집 운영이 순조로울 때는 두 아이에게 신경을 많이 썼고, 아이들이 잘 크고 있다고 느낄 때는 원 운영에 더 많은 시간을 할애했다. 그때그때마다 상황에 따라 엄마와 어린이집 원장으로 살았다. 고달프고 힘들 때도 많았지만 아이들이 있어 힘을 낼 수 있었다.

지금은 두 아이 모두 대학생이다. 부끄럽지 않게 잘 컸고, 누구보다도 소중하고 예쁜 아이들이다. 대견하고 감사하다. 어쩌면 엄마이기 때문에 강해졌는지 모른다. 엄마가 되지 않았고, 엄마로서 책임감을 느끼지 않았다면 벌써 포기했을 것이다. 힘들 때마다 이겨 내려고 노력했고 책임감으로 버텼다. 인생은 쉽지 않고 순간순간 흔들리고 좌절할 일이 많다. 하지만 엄마에게는 어떤 상황도 포기하지 않고 위기를 헤쳐 나갈 수 있는 강한 힘이 있다. 되돌아보면 그 힘의 근원에는 아이들이 있다.

## 열심히 사는 모습을 보여 줘라

\*\*\*

학교를 졸업한 후 직장 생활을 잠깐 하고 결혼한 부부들은 대부분 경제적으로 여유가 없다. 맞벌이를 하지 않으면 아이를 낳고 집을 장만하기까지 오랜 시간이 걸린다. 경제적인 여유가 없으면 아이 키우는 일도 힘들다. 젊었을 때 벌어 놓지 않으면 아이가 커 가면서부터는 더 힘들어진다. 아이가 크는 만큼 들어가는 돈도 많아지기 때문이다. 그래서 엄마들은 아이가 다섯 살 정도 되면 취직을 하려고 알아본다.

어린이집에 아이를 보내는 부모들도 마찬가지다. 어느 날 한 엄마가 "우리 아이 다음 달부터 종일반 할게요. 직장에 취직이 돼서 출근하게 됐어요."라고 했다. 이런 이유로 월초가 되면 정규반에서 종일반으로 변경하는 일이 종종 생긴다. 사실 아이 키우면서 가정 살림만하는 것도 쉬운 일이 아닌데 직장까지 다니는 것은 더더욱 힘든 일이다. 엄마로서 능력뿐만 아니라 직장에서 요구하는 능력까지 발휘해야 하기 때문이다.

그러려면 큰 용기와 뚝심으로 이겨 내지 않으면 할 수 없다. 처음부터 모든 일이 다 잘될 거라는 생각은 욕심이다. 천리 길도 한 걸음부터 가야 하듯이 엄마도 아이도 가족 모두가 힘든 시기를 조금씩이겨 내고 견뎌야 한다. 그렇지 않으면 어떤 일을 해도, 언제 시작해도 중간에 포기하게 된다.

유아기를 엄마와 함께 보내는 것보다 좋은 교육은 없다. 하지만 엄마가 일과 가정 일을 병행해야 한다면 포기하지 말고 잘 이겨 내야 한다. 또한 가정에서 아이만 키우며 남편에게 의지하다 보면 스스로 힘을 잃고 안주하는 삶을 살게 된다. 조금 덜 자고 조금 더 적극적이고 열심히 노력하다 보면 할 수 있다. 여자는 못하는 일도 엄마이기 때문에 가능하다.

나도 막내로 자라서 힘든 일은 거의 해 보지 않고 결혼했다. 직장만 다니다 결혼했으니 못하는 가정 살림까지 하며 일하는 게 쉽지 않았다. 그러다 임신을 했는데 입덧이 심해서 계속 일을 못할 것 같았다. 하지만 친정에서건 시댁에서건 경제적인 도움을 바라지 않고 스스로 일어나야겠다는 생각으로 이를 악물었다.

일을 계속했지만 몸도 마음도 힘들었다. 그래서 만삭까지만 하고 그만두려고 했다. 하지만 아이 양육비, 집 살 생각, 자아실현이라는 계획들이 나를 계속 일하게 했다.

출산 휴가로 한 달을 쉬고 다시 일을 시작했다. 사무실 천장이 왔다 갔다 할 정도로 어지러웠다. 그래도 이미 돈을 벌어야겠다는 목표를 세웠기에 악바리같이 이겨 냈다. 하지만 아이들이 아프고 떼쓸 때는 정말 버티기 힘들었다. 몸이 힘든 것은 참을 만했지만, 아이에게 미안하고 직장에 책임을 다하지 못해 눈치가 보였다. 그러다가 아이가 나으면 마음을 추스르고 다시 열심히 일했다.

그러기를 반복하다 보니 아이들은 컸고 세월이 흘렀다. 두 아이가 어릴 때는 힘든 날들이 참 많았는데 부모이기 때문에 강하게 버티며 이겨낼 수 있었다.

미래를 볼 수 있다면 자식을 함부로 키우는 부모는 아마도 없을 것이다. 키울 때 살기 바빠서 아이에게 제대로 마음 쓰지 못한 것을 아이들이 성장한 뒤에 후회하는 모습을 나 자신을 포함해 많은 부모들에게서 보았다. 나도 아이 둘을 키울 때는 몰랐다. 첫아이를 낳았을 때는 건강이 좋지 않아서 아이를 키우며 직장까지 다닐 수가 없어 지방에 있는 큰집에 맡겼다. 멀리 떨어져 있다 보니 일에 지치면 주말에도 가지 못할 때가 많았다.

아이가 부모와 떨어져 있으면 애착 형성에 안 좋은 것을 알았지만 열심히 벌어야 되는 상황이었고, 건강이 좋지 않은 바쁜 엄마, 아빠보다 더 잘 키워 주겠다는 큰엄마를 믿고 아이를 보냈다. 그리고 2년 뒤 둘째를 낳으면서 큰애를 데리고 왔다. 한꺼번에 두 아이를 키우는데 몸과 마음이 힘들어 어떻게 해야 잘 키우는 것인지 생각할 여유조차 없었다.

그래서 2년 터울로 낳은 것을 후회했고 두 명씩이나 낳은 것도 후회했다. 둘째는 밤낮이 바뀌어 첫돌 때까지 고생했다. 어쩌다 아이 둘이 아프기라도 하면 일도 그만두고 싶었고, 왜 사는지 모를 만큼 회의를 느끼기도 했다.

첫째가 세 살, 둘째가 한 살 때 일이었다. 토요일이라 일찍 끝나 집에 왔지만 몸과 마음이 힘들어서 녹초가 되었다. 바람을 쐬면 기분이라도 좋아질 것 같아 두 아이를 데리고 밖으로 나갔다. 그런데 아파트 벤치에 앉아 있던 할머니 한 분이 등에 업은 둘째를 쓰다듬으며 말씀하셨다.

"애기가 엄마 닮아서 똘똘하고 예쁘게 생겼구먼. 애기 엄마, 힘들지? 얼마나 힘들겠어. 그래도 자식 키우고 나면 그때가 제일 기억에 남는다우."

내 얼굴에서 힘겨움이 묻어난 건지 당신 경험을 회상하는지 위로의 말을 해 주셨다.

"내가 젊을 때는 아이 키우는 게 세상에서 제일 힘들게 느껴졌는데 시간이 가고 보니 아이 키울 때만큼 행복하게 기억되는 일도 드물어. 그러니까 애기 엄마도 힘들게만 생각하지 말고 예쁘게 키워요."

그때는 그냥 위로 한마디 들었다 생각하고 잊어버렸다. 아마 더 좋은 말이었어도 똑같이 생각할 정도로 지쳐 있을 때였다. 몸과 마음이 여유가 없어 누가 어떤 말을 해도 위로가 되지 않았다. 일과 아이 키우는 일 어느 한쪽도 제대로 해낼 만큼 여유가 없었다. 그저 그때그때 상황에 맞춰 책임감과 의무감으로 열심히 살았다.

그런데 아이 둘이 중학생이 되고 사춘기에 접어들면서 깨닫기 시작했다. 아들은 주중에는 공부하느라 바쁘고 주말에는 운동하러 가서 못 보고, 딸은 친구 만나러 나가서 함께할 수 없게 되자 오래전에 아파트 벤치에서 들었던 할머니 말이 생각났다. 그때는 '애 키우느라 바빠서 헉헉대는 시간이 왜 행복한 기억으로 남을까? 할머니가 살면서 즐거운 일이 많지 않았나?' 하며 지나쳤는데 아이들이 보고 싶을 때 마음껏 보고, 언제 어디든 함께 갈 수 있는 시간이 아무 때나 있는 게 아니라는 것을 알았다.

또 엄마, 아빠 앞에서 재롱떨고 가르쳐 준 대로 자라는 것도 유아기 때가 전부였다. 함께 웃고 뒹굴며 땀나게 살을 부대끼며 지내는 것도 더 이상 할 수 없게 됐다. 늘 자라는 모습을 지켜볼 수 있고, 무엇이든 가르쳐 주는 대로 따라오던 그때가 나도 모르게 그리웠다.

이제 본인 의지가 없으면 알려고도 하지 않고, 하려고도 하지 않는 애들을 보며 언제 이렇게 컸는지 시간이 금방 지나간 듯했다. 더 많은 시간을 함께하지 못한 게 아쉽다. 이제는 다 커서 무엇이든 자기주장대로 한다. 어디 가자고 하면 약속이 있다며 본인 인생을 사느라 바쁘다. 아이 키울 때는 일을 조금 줄이더라도, 잠을 조금 덜 자더라도 함께 보내는 시간이 많아야 한다는 것을 뒤늦게야 알았다. 어린 시절은 두 번 다시 오지 않지만 부모와 함께 보낸 유아기 추억은 부모와 아이의 머릿속에 평생 동안 남아 삶을 풍요롭게 해 준다.

지금 생각해 보면 두 아이가 있어 내가 열심히 살 수 있었다. 어쩌면 어린 시절 겪은 가난을 아이들에게는 물려주지 않겠다는 결심도 한몫했다. 일하면서 힘들었지만 보람도 느꼈고, 아이 키우며 눈물도 많이 흘렸다. 지금 생각하면 모든 것이 감사하다. 아이들도 열심히 사는 부모의 모습을 봐서인지 반듯하게 잘 커 줬다.

워킹맘들을 보면 내가 힘들었던 마음이 느껴져 포기하지 말고 잘 이겨 내기를 바라는 마음으로 응원한다. 그리고 엄마는 잘할 수 있는 힘이 있다고 용기를 주고 싶다. 지금 힘들고 노력하는 만큼 당당하고 편안한 미래와 마주할 수 있다는 것도 알려 주고 싶다. 아이도 엄마가 애쓴 만큼 잘 자란다. 포기하지 않고 열심히 사는 모습을 보여 주는 것이야말로 아이에게는 좋은 인생 공부가 된다.

# 2

★
★

# 육아도
# 공부가 필요하다

    이미 자녀를 다 키운 어른들은 요즘 아이 키우기가 참 편해졌다고 말씀하신다. 온갖 장난감, 편리한 육아 용품, 인터넷 검색만 하면 바로 알 수 있는 육아 정보, 국가에서 지원하는 양육비 등이 예전에는 없었기 때문이다. 하지만 요즘 엄마들도 할 말이 많다. 물질이 풍요로와진 것은 인정하지만 정신적인 힘겨움은 예전보다 더 깊어졌기 때문이다.

    예전 엄마 세대는 가족이 함께 보내는 시간이 많아 저절로 삶의 지혜를 배울 수 있었다. 주부로서 기본 역할도 생활 속에서 부모들이 가르쳐 주었을 뿐 아니라 주변에 보고 배울 어른들이 많았다. 그런데 요즘 엄마들은 자라면서 어른들의 지혜를 보고 배울 기회가

적었다. 어쩌면 어른들이 가르쳐 줄 여력이 없었다고 해야 맞을 것
이다.

부모들은 살기 위해 바쁘기도 했거니와 자식만큼은 고생시키지
않겠다는 마음이 더 강했다. 부모처럼 힘들게 살지 않으려면 공부만
열심히 하면 된다고 가르쳤다. 그러다 보니 생활의 지혜를 배울 기
회가 없었고, 특히 엄마 역할을 배울 기회는 더더욱 없었다. 학교를
졸업해서 직장을 다니다 결혼하고 아이를 낳고서야 엄마 준비가 안
된 것을 비로소 알게 된다. 아무리 물질이 풍요롭고 정보가 넘쳐도
부모가 되려면 어떻게 해야 하는지 배운 적이 없으니 힘들 수밖에
없다.

나도 처음 애를 낳고 키울 때는 모르는 게 많아 힘들었다. 하지만
'아이 키우는 일은 어쩌면 공부하는 것과 같을 수도 있겠구나!' 하는
생각이 들었다. 처음에는 육아가 어려운 문제였지만 관심을 갖고 공
부하며 해결책을 찾다 보니 지식과 지혜가 늘며 진짜 부모가 되어 갔
다. 많은 엄마들이 아이가 진정으로 원하는 것이 무엇인지, 아이를 진
짜 사랑하는 방법은 무엇인지, 아이의 감정을 읽으려면 어떻게 해야
하는지, 아이와 소통하는 방법이 무엇인지 잘 모른다. 안다면 아이를
제대로 키울 수 있는데 말이다. 이것이 바로 엄마들이 육아에 대해
공부해야 하는 이유이다.

## 아이의 욕구부터 파악하라

\*\*\*

요즘 엄마들은 궁금한 육아 정보를 인터넷 검색으로 쉽게 얻을 수 있어 모르는 것이 없다. 게다가 아이들에게 필요한 것은 아끼지 않고 사 준다. 그럼에도 불구하고 요즘 아이들은 정서가 불안하고 욕구불만이 많다. 아동상담센터에 가면 선천적인 문제보다 후천적인 문제로 오는 아이가 더 많다고 한다. 이유가 뭘까? 물질은 풍족하지만 마음이 메말라서 그런 것은 아닐까? 정작 아이에게 필요한 사랑과 관심이 부족해서 그런 것은 아닐까?

엄마들도 마찬가지다. 예전 엄마들은 대여섯이나 되는 아이들도 거뜬히 키웠는데 지금은 아이 하나 키우는 것도 힘들어 한다. 이유가 뭘까? 지금 내 아이 발달에 필요한 것이 무엇이고, 아이가 요구하는 것이 무엇인지 모른 채 엄마의 욕심만으로 이것저것 가르치려고 해서 그런 것은 아닐까? 아이가 스스로 선택할 기회를 주기보다는 엄마 마음대로 결정하고 강요하기 때문은 아닐까?

어린이집을 운영할 때 아이의 이런저런 문제로 상담을 요청하는 엄마들이 있었다.

"우리 아이가 자꾸 엄마, 아빠 지갑에서 돈을 가져가요. 경찰이 잡아간다고 협박하는데도 안 고쳐지네요. 어떡해요?"

"집에 장난감이 많이 있는데도 친구 집이나 마트에 가면 자꾸 사 달라고 떼를 쓰는데 어떻게 해야 하죠?"

자녀에게 이런 문제가 생기면 먼저 부모로서 부족함을 느껴야 한다. 그리고 아이가 크는 만큼 공부를 해야 한다.

어느 날 텔레비전을 보던 첫째가 "엄마, 나는 어디서 태어났어?" 하고 물었다. 순간 어떤 대답을 해줄지 몰라 당황했다. 아이가 어디까지 이해할 능력이 있는지 모르겠고, 사실대로 말해 주면 어떻게 받아들일지 몰라 처음엔 대답을 못해 줬다. 이렇게 아이의 갑작스러운 질문에 당황했던 기억들이 한 번쯤은 있을 것이다.

아이가 크는 만큼 상황도 복잡해지고 해결할 일도 늘어난다. 그래서 지금 일어나는 작은 일들은 아이가 크면서 발생하는 더 큰 상황을 대비한 예방 주사쯤으로 생각하고 공부를 해야 한다. 나도 처음엔 '이 일만 해결하면 편안해지겠지⋯⋯.'라고 생각하며 아이를 키웠다. 그런데 시간이 지나면서 아이가 자라는 만큼 엄마로서 지혜와 능력을 발휘해야 할 일들이 더 많이 생긴다는 것을 깨달았다.

이제 조금 여유 있고 자신감 있게 아이를 키울 수 있는 능력이 생겼다고 생각하는데 아이들은 어느새 다 커 버렸다. 하지만 엄마라는 역할은 변함이 없고 자식이 큰 만큼 더 큰 지혜를 요구하는 상황들이 생기고 있다. 지금도 여전히 선배 엄마들에게 지혜를 구하며 공부하는 엄마로 살고 있다.

먼저 지금 내 품 안에 있는 아이 눈이 무엇을 말하는지 느낄 수 있으면 된 것이다. 아이의 손짓과 몸짓을 보고 무엇을 원하는지 알아서 채워 주면 된다. 어릴 때 무엇을 원하는지 모르는 부모는 아이가 커 갈수록 더 많은 것을 모른 채 키우게 마련이다. 좋은 옷과 장난감보다 아이와 눈을 마주치고 함께 놀아 주며 시간을 보내는 부모에게 아이는 사랑을 느끼면서 행복하게 성장한다.

수현이는 다섯 살 남자아이다. 혼자 자랐어도 또래 친구들처럼 떼쓰고 싸우는 일이 없다. 뿐만 아니라 또래에 비해 어휘력이 뛰어나 어떤 말도 서슴지 않고 잘 표현한다. 사회성도 좋아 친구들과 잘 어울리며 여자아이들과도 말을 잘한다. 여섯 살이나 일곱 살 형들하고도 잘 논다. 동생 반에 가서도 있는 듯 없는 듯 잘 어울린다.

수현이는 입학 당시부터 정서가 안정되고 또래들보다 적응이 빠른 몇 안 되는 아이 중 하나였다. 가끔은 반 친구들이 놀고 난 장난감을 제자리에 갖다 놓지 않으면 "이거 정리하고 놀아야 돼. 내가 도와줄까?" 하며 함께 거들어 주었다. 휴지를 아무 데나 버리는 친구를 보면 "휴지는 휴지통에 넣어야 해." 하고 알려 주었다. 수업 시간에도 스스로 알아서 하고, 못하는 친구를 도와주는 어린 선생님 역할까지 했다.

한번은 엄마가 어디를 갔다가 늦게 데리러 오는 상황이 생겼다. 엄마는 전날 담임선생님에게 알렸는데 아침에도 알림장에 써서 양해를 구했다. 아이에게도 충분히 설명을 했는지 데리러 오는 시간까지 알고 있었다. 많은 아이들이 엄마가 늦게 오면 불안해하고 조급해한다. 하지만 수현이는 오랫동안 떨어졌던 엄마를 기다리는 아이처럼 밝고 설레는 마음으로 기다렸고 엄마도 약속 시간에 맞춰 데리러 왔다. 편안하게 시간을 보내며 엄마를 기다리는 수현이의 얼굴에서 엄마에 대한 신뢰감이 두텁다는 것을 느낄 수 있었다.

이렇듯 아이가 또래보다 잘 자라는 이유는 남다른 육아법으로 키웠다는 뜻이다. 수현이 엄마는 늦은 나이에 결혼했다. 오랫동안 다닌 직장은 결혼 후 그만두었다. 나이가 있어서 아이는 하나만 낳아 잘 기르기로 남편과 의논했다고 한다.

수현이 엄마는 아이를 낳았을 때 여느 초보 엄마들처럼 모르는 게 많아 힘들었다. 그래서 한 가지씩 육아책을 보고 배웠고, 주변에 물어보면서 터득을 했다. 아이가 옹알이를 할 때는 책에서 배운대로 반응을 했고, 처음 보는 표정이나 행동은 병원에 물어보며 그때그때 해결해 나갔다. 자라면서 엄마를 보고 따라하는 것이 눈에 띄게 늘어갈 때는 형용할 수 없는 신기함을 온몸으로 느꼈다.

크는 만큼 아이는 부모의 모든 행동을 따라했다. 어느 순간, 아이 때문에 부모가 크고, 부모가 바르게 커야 아이가 제대로 성장할 수 있겠다는 것을 느꼈다. 시간이 흐를수록 아이의 손짓, 몸짓이 의미가 있고, 아이가 무엇을 요구하는지 보이기 시작하자 육아에 자신감이 조금씩 생겼다.

수현이를 어린이집에 보내고 시간적 여유가 생기면서 그녀는 공부를 하러 다녔다. 어린이집에서 주최하는 부모 교육은 빠지지 않고 참석했고, 듣고 배운 것은 행동으로 실천했다. 무엇보다도 아이가 크는 과정을 보며 본보기가 되고자 노력했다. 처음에는 힘들었지만 아이의 평생 습관은 유아기에 만들어진다는 사실을 알게 된 후 좋은 부모가 되기 위해 많은 노력을 기울였다.

물론 지금까지 살아온 방식을 바꾸는 것은 쉽지 않다. 하지만 자녀가 바르고 행복하게 자라는 모습을 원한다면 변하기 위해 노력해야 한다. 아이가 잘 자라고 있다면 이미 절반은 좋은 부모로 성공했다고 해도 가히 틀린 말은 아니다.


## 사랑하는 데에도 방법이 있다

\*\*\*

어린이집을 운영할 때 아이들이 입학을 하고 원 생활에 적응하기 시작하면 부모 교육을 했다. 지금은 의무적으로 부모 교육을 해야 하지만, 10년 전까지만 해도 그것은 원장 재량이었다. 처음 몇 년간은 적지 않은 비용의 강사료를 부담하며 외부 강사를 불러 진행했다.

그런데 아무리 좋은 교육이라도 일회성에 그치다 보니 효과가 크지 않았다. 강의를 들을 때는 자기 모습을 들킨 것처럼 공감하며 고쳐야겠다고 결심하는 엄마들이 많았지만, 바쁜 일상에 쫓기고 당장 자녀의 문제점이 보이지 않으면 행동의 변화가 없었다. 또 소수의 부모들만 참여하고 정작 들어야 할 엄마들이 참석하지 않아 아쉬움이 많았다.

그래서 직접 해야겠다는 생각에 부모 교육을 할 수 있는 자격증 공부를 시작했다. 공부를 하면서 내가 먼저 깨닫고 느낀 게 많았다. 아이들을 더 많이 이해하게 되었고, 교육에 대한 책임감도 더 강해졌다.

부모 교육을 할 때는 교육과 트레이닝을 함께할 수 있는 8주 과정으로 계획하여 기수별로 모집했다. 수업은 이론 공부를 한 후 엄마들의 실천 과제를 발표하는 형식으로 주 1회 진행했다. 처음 시작할 때는 준비한 내용이 기억나지 않을 정도로 긴장되고 떨렸다. 그래서 이해하기 쉽게 자녀들의 원 생활을 사례로 들며 진행했다.

그러자 기대했던 것보다 반응도 좋았고, 자녀의 궁금했던 원 생활과 문제점을 알게 된 부모들은 서서히 교육 효과를 보였다. 엄마 자신이 변하니까 아이는 저절로 바뀌더라는 엄마들 말을 듣게 되면서 보람과 자부심을 느꼈다.

한번은 교육을 받고 있는 6세 반 소희 엄마가 상담을 요청했다. 양육 태도가 아이들에게 미치는 영향을 교육하던 첫 날, 눈물을 훔치며 듣던 엄마였다. 소희 엄마는 그동안 소희를 남부럽지 않게 키웠다고 자부했다고 한다. 그런데 그것이 자신만의 생각이라는 것을 첫 시간 교육을 들으며 알게 되었고, 엄마로 인해 소희가 많이 힘들었겠다는 걸 알게 됐다고 한다. 엄마 자신의 무지함에 화가 나고, 소희에게 미안한 마음이 들어 눈물이 났다는 것이다.

소희 엄마는 고아원에서 자랐고 중학교 이후부터 혼자 자립해 살았다. 도와주는 사람이 없어 늘 외로웠지만 좌절하지 않고 열심히 살았다. 20대 초반에 안정적인 생활이 그리워 시댁 쪽의 반대를 무릅쓰고 결혼했다. 결혼 후에도 시댁에서 고아 출신인 것을 끊임없이 문제 삼아 결혼 생활을 지속할 수 없었다. 이후 오랫동안 혼자 살다가 몇 년 전 재혼해서 낳은 아이가 소희였다.

인생을 힘들게 살아온 엄마는 어릴 때 누리지 못한 혜택을 소희에게는 모두 누리도록 해 주며 키웠다. 하지만 엄마의 마음과는 다르게 소희는 어디를 가도 엄마 뒤에 숨으며 자신 없고 소심하게 행동했다. 아직 어려서 그럴 거라고 생각했고, 그럴수록 자신만의 방식으로 소희에게 더욱 신경 썼다.

그리고 다섯 살이 되어 처음으로 어린이집에 보냈다. 가끔 행사가 있어 원에 오면 같은 또래보다 자신감 없는 아이에게 화가 나고 속상했다. 담임선생님은 큰 문제없으니 조급해하지 말라며 믿고 기다려 달라고 했다. 그래서 부모 교육 신청서가 와도 본체만체했다.

그러던 어느 날 참여수업 때 다른 아이들의 모습을 본 뒤 화가 나서 부모 교육을 신청했다고 했다. 그리고 강의를 듣는 내내 엄마로서 무지함을 느껴 부끄럽고 한탄스러웠다고 한다. 욕심만 갖고 성급하게 가르치려고 했고, 불행한 자신의 과거에 얽매여서 아이 의사와는 상관없이 자기 마음대로 했다는 사실을 알게 된 것이다.

"그런 일이 있었어요? 잘 오셨어요, 소희 어머니. 자식 키우는 엄마들이라면 한 번쯤 겪고 넘어가는 시행착오예요. 너무 속상해하거나 미안해하지 마세요. 아이 키우면서 철들고 공부하며 고쳐 가는 것도 엄마고, 후회하며 고치는 것도 엄마더라고요. 저도 그러면서 아이 키우고 있어요. 제가 교육받을 때 '눈먼 최선은 최악을 낳는다.'는 말을 인상 깊게 들었어요. 엄마의 무지와 아집만으로 키운다면, 정말 예상치 못한 자식의 미래를 볼 수 있지만, 많은 엄마가 자식 키우면서 깨닫고 노력을 해요. 소희 엄마도 더 잘 키우려고 교육받고 있잖아요. 잘 키우고 싶은 욕심만으로 아이가 잘 자라지는 않더라구요. 그래서 시행착오를 겪으면서 노력할 때 진정한 엄마가 되어 가는 것 같아요."

"네, 그렇기는 해요. 그리고 오늘 교육을 들으면서 알게 된 것이 하나 더 있어요. 제 자신을 부끄럽게 생각했는데 자신부터 먼저 사랑하고 인정할 때 자녀도 잘 키울 수 있다는 사실을요."

그 후 소희 엄마는 한 번도 빠지지 않고 부모 교육에 참석했다. 또 참석할 때마다 표정이 밝아지고 좋아 보였다. 엄마의 생각과 행동이 바뀌면서 소희도 변하기 시작했다. 소희 엄마도 처음엔 이렇게까지 자신과 소희가 변할 줄은 몰랐다고 한다. 즐겁고 행복해하는 소희 엄마와 소희를 보며 부모 교육을 하는 보람을 느꼈다. 뜻을 갖고 시작한 부모 교육이 엄마와 아이에게 도움이 된다는 것을 알고 나는 사명감에 더 열심히 했다. 엄마들이 아이를 모르고, 제대로 키우는 방법도 몰라 힘들고 아이에게 상처 주는 일은 없어야겠다는 생각이 들기 때문이다.

## 아이의 감정을 읽을 줄 아는 엄마

**★★★**

아침에 등원하는 아이들을 보면 느껴지는 분위기가 있다. 밝게 웃으며 등원하는 아이는 가정에서 기분 좋게 보내 준 것이다. 불만이 가득한 표정으로 온 아이는 집에서 안 좋은 일로 감정이 상해서 온 아이다. 묻지 않아도 집에서 있었던 속상한 일이나 안 좋은 일을 이야기하는 아이도 있다. 이렇듯 등원하는 아이들의 모습에서 가정생활을 느낄 수 있다. 등원 시간에 아이 한 명 한 명의 감정을 읽어 마음에 상처가 남지 않게 다독이는 일도 교사의 중요한 역할 중 하나다.

어린이집은 가정에서 부모에게 보호받으며 생활하던 아이들이 처음으로 한 공간에 모여 함께 생활하는 공동체다. 하루 일과는 자유선택 활동 프로그램으로 시작한다. 각자가 원하는 영역에서 친구와 함께 놀기도 하고 혼자 하고 싶은 활동에 열중하며 시간을 보내기도 한다. 먼저 온 친구들이 자리를 잡고 활동하고 있으면 늦게 온 아이들도 각자가 원하는 영역 활동을 한다.

집에서 속상한 감정을 가지고 온 아이들도 영역 활동 놀이를 하면서 잊는다. 7세가 되면 자아 개념과 언어발달이 얼마만큼 형성된 시기라 또래끼리 수다를 떨며 풀기도 한다. 꾸준한 부모 교육으로 엄마들도 만족하고, 교사들도 아이들 모습이 변하고 있어 가르치는 게 안정기에 있었던 일이다.

하루는 7세 반 담임선생님이 자유선택 활동 시간에 남자아이들의 대화를 듣게 되었다. 아침부터 일찍 온 민규가 블록을 만지며 집에서 속상했던 일을 이야기했다.

"에이, 나 오늘 아침에도 엄마한테 뒤통수 맞고 왔어."

"왜?"

"말 안 듣는다고 손으로 머리를 때리잖아."

"야! 그럼 너희 엄마도 원장님한테 좀 배우라고 해."

"왜?"

"우리 엄마도 내가 말 안 들으면 때리고 욕했는데 원장님하고 공부한 뒤로 안 때려!"

"그래?"

아이들 활동을 지켜보던 담임선생님이 아이들을 보며 웃었다. 엄마 마음이 보이는 듯했고 이해도 갔다. 한창 말썽 부리고 자기주장을 내세우는 미운 일곱 살이기 때문이다. 가끔 아이들이 말썽을 부리며 말을 안 들을 때면 담임선생님도 소리 지르고 혼내고 싶을 때가 있기 때문이다. 담임선생님이 웃음을 머금고 교실을 나와 원장실로 들어와 영역 활동을 하며 주고받던 아이들의 말을 전해 줬다.

아이들 덕분에 하루를 웃음으로 문을 열었다. 아들을 키우다 보면 욱할 때가 많다는 것을 나 역시 아이 키우는 엄마여서 알고 있기 때문에 더 공감이 가서 웃었다. 담임선생님이 교실로 가고 난 후 민규 엄마에게 전화를 했다.

"어머니, 안녕하세요? 잘 지내셨죠?"

"네, 원장님. 아침부터 어쩐 일이세요? 우리 민규에게 무슨 일이라도 생겼어요?"

"아니에요. 목소리도 듣고 싶고 드릴 말씀도 있어서 전화 드렸어요."

"어떤 말씀이신지……. 원장님 전화는 무서워요."

"무슨 그런 말씀을요. 다름이 아니고 부모 교육 다음 기수에 들어오셔야 할 것 같아서요."

"왜요?"

"오늘 아침에 민규가 말을 안 듣는다고 뒤통수를 때려서 보내셨다면서요?"

"어머나! 그걸 원장님이 어떻게 아셨어요?"

"몰라야 되는 걸 알았으니 부모 교육 오시는 거죠?"

수화기에 대고 서로 웃었다.

"아유, 녀석. 창피하게 어린이집에서 별 얘기를 다 하네요."

"그게 정상이고 건강하게 자란다는 거예요."

농담 반 진담 반으로 시작한 대화로 민규 엄마는 8주 과정 부모 교육을 들었다. 화날 때마다 생각 없이 아이에게 감정적으로 대한 것이 아이에게 얼마나 상처가 되고 욕구불만을 쌓이게 하는지, 또 아이의 신경질적이고 산만한 행동도 아이 감정을 제대로 읽어 주지 못한 엄마 탓이라는 것도 알게 되었다고 한다. 커 가면서 말대꾸도 늘고 놀려고만 해서 자주 혼냈는데 자신의 양육 태도에 문제가 있다는 사실도 깨달았다고 한다. 교육을 받는 내내 민규 엄마는 자기 자신을 돌아보게 해줘서 많은 도움이 된다며 좋아했다.

교육 기간 동안 집에서는 이론으로 배운 내용을 행동으로 실천하고 일주일 후 각자 실행 과제를 발표했다. 이때 제일 먼저 일어나서 발표하는 사람은 항상 민규 엄마였다. 힘들어도 배운 것을 실천하고 나면 민규 태도에 변화가 생긴다고 했다. 달라진 모습에 뿌듯하고 만족감이 느껴져 스스로 놀라기도 한다는 거였다.

민규 엄마는 부모 교육을 듣기 전까지만 해도 자신이 아이를 키우는 데 문제가 있다고 느낀 적이 없었다고 했다. 그래서 민규가 말을 안 들으면 한 번씩 소리 지르고 뒤통수를 때리는 것을 당연하게 생각했다. 민규 마음을 알게 되고, 자신의 행동을 돌아보며 고쳐야겠다고 깨달은 것은 오롯이 교육을 받고 실천한 덕분이었다. 무엇보다도 민규의 신경질적이고 산만한 행동이 줄어드는 것을 경험한 후로는 더욱 열심히 했다.

부모가 먼저 배워야 자녀를 잘 키울 수 있다는 사실을 민규 엄마는 깨달은 것이다. 학습 의욕이 없어 한글도 배우려고 하지 않던 민규는 그 후에 많이 바뀌었다. 정서가 안정되고 학습 활동에도 의욕을 보여 고민하던 취학반 준비를 수월하게 할 수 있었다. 부모가 먼저 배우고 실천할 때 자녀는 부모가 원하는 대로 바르게 자란다. 부모의 본보기만큼 좋은 교육이 없다는 증거다. 자녀가 자라는 만큼 부모가 함께 성장한다면 아이 키우는 일이 어렵지 않으며, 세상 그 어떤 일보다 보람 있고 행복한 일이라는 걸 알게 될 것이다.

## 아이와 제대로 소통하라

***

내 직업은 아이들을 가르치는 일이었고, 가끔 교사나 학부모들에게도 상담을 해주었다. 또 시간이 날 때마다 '육아와 아동심리' 등을 열심히 배우러 다녀서 자녀 키우는 문제로 고민할 것이란 생각을 별로 하지 않았다.

그런데 지금은 다 커서 대학생이 된 딸아이가 초등학교 5학년이 되었을 무렵에는 자주 신경전이 벌어졌다. 처음에는 사춘기가 시작된 것 같아 긴장도 하고 이해해 주면서 넘어갔다. 하지만 딸의 잦은 짜증과 의견 충돌이 한계에 달하면서 언성이 높아지는 날이 점차 많아졌다. 딸이 나를 신뢰하지 않고 반항하는 것을 보면서 자존심도 상했다.

마음은 계속 괜찮은 엄마이고 싶은데, 딸에게 내뱉는 말투는 감정을 조절하지 못하는 여느 엄마와 별반 다르지 않았다. 또한 학부모가 '자녀와 대화 도중 큰소리를 내면 자녀에 대한 공부를 해야 할 때'라고 조언하는 내가 정작, 말과 행동이 일치하지 않는 것 같아 화도 났고 부끄러웠다.

주변에 아이를 키우는 원장에게 이것을 털어놨더니 부모 교육 과정을 추천해줬다. 고민 끝에 '부모 자녀 대화법' 일 년 과정에 등록했다. 첫 교육을 듣기 전까지만 해도 남들은 아이를 잘 키우는데 혼자만 힘들어하는 것은 아닌가 싶었다. 교육이 시작되어 발표하는 사람들의 이야기를 듣고 나서야 함께 공부하는 사람들이 나와 비슷한 문제로 온 것임을 알았다. 교육생 중에는 전업주부도 있었고, 자기 분야에서 성공한 엄마도 꽤 있었다.

하지만 자식만큼은 뜻대로 안 되는지 바쁜 시간을 내서 왔다며 한결같이 힘들어 했다. 사춘기를 겪고 있는 아이 엄마, 감당할 수 없는 아이 때문에 온 엄마, 학교 가기 싫어하는 자녀 때문에 매일 싸운다고 온 엄마, 부모와 말하기 싫다고 방에만 틀어박혀 있는 아이 엄마, 자녀와 소통할 줄 몰라서 배우러 온 엄마 등 다양한 자녀 문제를 가지고 온 엄마들이었다. 배우는 동안 '왜 좀 더 빨리 공부할 생각을 못 했을까?'라는 아쉬움이 들었지만 지금이라도 배울 수 있어 다행이라 여기며 교육생 모두가 열심히 들었다.

처음 강의를 들을 때는 대화 능력 하나로 자녀와의 갈등을 모두 해결할 수 있다는 것이 의아했고 놀라웠다. 교육에 참석하기 전까지만 해도 자녀 탓인 줄로만 알았던 엄마들이 울기도 했고, 준비되지 않은 엄마였음을 알고 자책하는 모습도 보였다. 어릴 때부터 아이와 따뜻한 대화를 나눈 적이 없고 눈 맞춤을 해준 기억이 별로 없다며 후회도 했다.

어릴 때는 대화의 중요성을 알지 못했고, 학교에 들어가면서 서로 바빠서 대화를 할 기회가 없었다고 했다. 아이 문제가 커져 지난날을 돌아보니 방법을 몰라 아이를 존중해 주는 말을 해준 적도 없이 그냥 키웠다고 했다. 또 아이를 어리게만 생각하여 엄마 자신에 대한 감정을 표현한 적이 없고 마음을 표현해 준 적도 없었다고 했다. 문제가 생겨 되돌아보니 아이 마음을 함께 느끼고 공감해 준 적도 없었던 것이다. 엄마로서 아이를 힘껏 안아 주고 수용해 준 적이 없으니 '지금 힘든 것이 당연하구나!'라고 후회하며 받아들이고 있었다.

아이에게는 중요한 시기가 따로 있는 게 아니다. 태어나면서부터 소중한 존재로서 부모와 함께 부대끼며 부모에게서 사랑받고 수용받을 때 밝고 건강하게 성장한다. 또 부모 자신도 아이와 함께 성장해 왔음을 느낄 수 있다. 아이가 사랑받는다고 느끼게 해주는 것은 돈도 아니고 시간도 아니다. 눈을 마주치고 공감해 주며 격려하는 따뜻한 사랑이 담긴 부모의 말 한마디라는 것을 교육생들은 교육을 통해 다시 한 번 가슴에 새기는 계기가 되었다.

딸아이와 다툼이 잦던 나는 부끄러움과 미안함이 느껴져 어떤 강의보다 열심히 들었다. 교육생 모두가 부모로서 부족함을 느껴서인지 무척이나 열정적으로 공부했다. 교육이 끝날 때쯤 교육생 중에는 갑자기 변한 엄마의 행동과 말투에 "왜 그러세요? 엄마 평소대로 하세요."라고 해서 당황한 엄마도 있다고 한다.

하지만 시간이 지나면서 변한 엄마를 좋아했고, 무엇보다 자녀와 관계가 조금씩 좋아지고 있어 눈물이 날 정도로 기쁘다고 했다. 나도 배우면서 많은 것을 얻었고 딸과의 관계도 더 좋아졌다. 또 학부모들에게도 도움을 줄 수 있는 많은 계기가 생겼고 강의도 하게 되었다. '부모 자녀 대화법' 수강은 내 삶이 또 한 번 성장하는 계기가 되었다.

시작을 제대로 하지 않으면 가는 길이 혼란스럽고 중간에서 문제가 생길 수 있다. 자녀 교육도 마찬가지다. 아이가 태어나서부터 양육법과 교육법을 제대로 알지 못하고 사랑과 관심을 주지 않는다면 어느 순간에 문제가 생길 수 있다. 부모가 자녀와 힘든 순간을 맞닥뜨리지 않으려면 유아기부터 자녀와 소통할 수 있는 대화 능력을 길러야 한다.

**Tip 4 소통을 가로막는 나쁜 말버릇**

**1. "내가 그럴 줄 알았어!"**

누가 어떤 실수를 하거나 잘못을 하면 사람들이 흔히 내뱉는 말이다. 마치 그럴 줄 알았다는 듯이 혹은 그 사람은 원래 그런 실수나 잘못을 저지르고도 남을 사람이라는 듯이 사람의 됨됨이를 단정 지으며 하는 말이다. 이렇게 사람을 낙인찍어 버리면 마음의 문을 닫아 버리기 때문에 더 이상 대화를 전개하기 힘들다. 사람들이 "내 그럴 줄 알았어."라는 말을 하는 이유는 자기 주변에서 벌어진 예기치 않은 사건에 대해 재빨리 과거의 증거들을 끌어모아 시나리오를 구성해야 마음이 편해지기 때문이다. 또 누가 그 말을 먼저 꺼내면 "맞아, 맞아. 나도 그렇게 생각했어." 하고 맞장구를 치며 그 시나리오를 더욱 풍부하고 정교하게 만드는 데 일조하기까지 한다.

**2. "그것도 못해?"와 "그것도 몰라?"**

사람들은 누구나 다른 사람이 나를 낮추어 보고 있다는 생각이 들거나, 내가 낮추어지는 상황이 되면 매우 불쾌해하며 민감하게 반응한다. 이와 함께 "이것도 몰라?", "이것도 못해?", "그것도 없어?"와 같은 말들은 지식, 능력, 보유라는 세 가지 척도에서 상대방에게 의심을 품어 상대방의 정체성 혹은 자기 확신감마저 뒤흔드는 위험한 말들이다. 별다른 악의 없이 농담 삼아 던진 말이라지만 이런 유의 말들은 듣는 사람에게는 상상 이상의 끔찍한 상처를 입힐 수도 있다.

**3. "도대체 왜 그랬어?"**

상대방의 실수나 잘못에 무의식적으로 하게 되는 말이다. 내 쪽에서야 궁금하기 짝이 없다. 도대체 왜 그가 그런 실수를 했는지 이해가 안 된다. 하지만 듣는 사람 처지에서는 이런 질문이 그렇게 간단히 설명할 문제가 아닐 때가 더 많다. 게다가 대부분 실수를 한 당사자는 그저 주변에서 아무 말없이 조용히 지나가 주기만을 바란다. 충분히 잘못한 것을 알고 반성하고 있고 안 그래도 속상하니 제발 가만히 내버려 달라고 마음속으로 외친다. 하지만 가까운 사람일수록 그 사람을 염려하기 때문에 이런 질문을 하게 된다.

**4. "웬일로 이런 걸 다?"**
평소에 잘 하지 않던 일이지만 모처럼 설거지 등의 집안일을 하거나, 사무실 청소와 같은 궂은일을 나서서 하고 있는데 지나가던 사람이 "네가 웬일이냐? 이런 걸 다 하고?"와 같은 말을 한다. 그 사람은 칭찬으로 하는 이야기일지 모르지만 듣는 사람에게는 어쩐지 그 말이 칭찬으로 들리지 않고 비아냥거리는 듯이 느껴진다. 나름대로 좋은 의도로 한 것인데, 그런 부분은 전혀 보지 않고 의심의 선글라스부터 쓰고 돋보기로 나쁜 점을 하나하나 찾으려 애쓰는 듯한 느낌을 받는다.
이 외에도 나도 모르게 내뱉는 말이 상처를 주고, 그 때문에 내 의도와 달리 둘 사이에 대화의 어려움이 생기게 되는 경우가 많다. "너 바보 아니니?", "너 그것밖에 안 돼?", "어휴……." 하고 한숨을 쉬는 것 등은 소통을 가로막는다. 이렇게 소통을 방해하는 나쁜 말버릇이란 진심이 밖으로 뻗어 나가지 못하도록 속살을 단단히 감싸고 있는 갑각류의 껍질 같은 것이다. 자신이 지키려는 소심함이 만든 나쁜 말버릇이 이처럼 자신과 타인 모두에게 상처를 줄 수도 있는 것이다.

출처: 하지연(2007), 『소통의 기술』

# 3

✩

# 지혜로운 엄마로
# 거듭나라

나를 믿어주는 사람이 기대감을 가지고 지켜봐 준다면 그것을 채워주고 싶은 힘이 생기게 마련이다. 또 내가 잘할 것이라 믿어주고 기대하면 실망시키고 싶지 않아 노력하게 마련이다. "너는 똑똑해질 거야."라고 격려해 주며 기대감을 가지면 그 기대해 부응하기 위해 최선을 다하는 이유다. 그만큼 관심과 사랑이 담긴 기대감은 상대로 하여금 동기를 부여하는 힘이 강하다. 다음은 많은 사람들이 알고 있는 그리스 신화에 나오는 이야기다.

• • 그리스의 섬 키프로스에 왕이자 조각가인 피그말리온이 살았다. 피그말리온은 여자들의 결점을 너무 많이 알게 되면서부터 여자를

혐오하게 되었다. 마음에 드는 여자가 한 명도 없었다. 그는 어떤 여자에게도 아름다움을 느끼지 못했고 아무도 사랑할 수 없었다. 그는 결혼하지 않기로 결심했다. 피그말리온은 자신이 만나고 싶고 사랑하고 싶은 아름다운 여인을 조각하기로 마음먹었다.

그는 혼을 다해 아름다운 여인상을 조각했다. 피그말리온이 보기에 자신이 조각한 여인상이 정말 아름답게 보였다. 그는 그만 조각품과 사랑에 빠졌다. 조각상 귀에 대고 사랑의 대화를 속삭였고, 예쁜 옷을 입히고, 귀걸이를 해주고, 반지를 끼우며 조각상을 젊고 아름다운 아가씨로 꾸며 나갔다. 그는 하루 종일 아름다운 여인상만 바라보며 이루어질 수 없는 사랑에 가슴이 아팠다.

피그말리온은 기도하기 시작했다. 아프로디테 여신의 축제일에 조각품과 똑같은 여인을 만나 결혼하게 해 달라고 기도했다. 아프로디테는 피그말리온의 마음이 정말 간절한 것을 알고 조각상에 생명을 불어넣기로 했다. 기도하고 돌아온 어느 날, 간절한 마음으로 조각상을 끌어안자 조각상에서 체온이 느껴졌다. 깜짝 놀란 피그말리온은 조각상에 입을 맞추었다.

그러자 조각상은 서서히 움직이며 그가 꿈에 그리던 여인이 되었다. 피그말리온은 자신의 조각품이었던 그 여인에게 '갈라테이아'라는 이름을 지어 주고 행복하게 살았다••

미국의 교육심리학자인 로버트 로젠탈Robert Rosenthal이 쓴 『피그말리온 효과』에는 기대의 효과에 대한 사례가 나온다.

••로버트 로젠탈이 한 초등학교에서 실험을 했다. 그는 초등학생 전교생을 대상으로 지능검사를 한 후 20%의 학생을 뽑아 교사들에게 '아주 우수한 학생'이라고 통보하였다. 그러나 이것은 사실이 아니라 그냥 무작위로 뽑은 학생들이었다. 교사와 학생을 속이기 위한 거짓말이었던 것이다.

그리고 8개월 후 다시 측정하자 '아주 우수한 학생'으로 분류된 20%의 학생들은 지능이 평균보다 높게 나왔으며 성적도 큰 폭으로 향상되었다. 어떻게 이런 일이 일어났을까? 교사들은 무작위로 선택한 학생들을 아주 우수한 학생이라고 생각하여 기대를 갖고 지도하였다. 혹 학생들이 이해를 못하면 학생들에게 문제가 있는 것이 아니라 자신들의 교수법에 문제가 있다고 생각하여 더욱 열심히 가르쳤다. 학생들도 선생님이 자신들에게 특별한 관심을 보여 주자 공부하는 태도가 바뀌고 공부에 한층 관심을 갖게 되었다.

결국 교사들의 기대와 관심이 학생들의 능력을 향상시킨 것이다. 로젠탈 교수는 교실 안에서 피그말리온 효과를 증명한 셈이다.••

아이를 제대로 키우는 방법이 무엇인지 이미 답은 나왔다. 아이를 믿고 격려하며 포기하지 않는 것이다. 결국 부모는 말없이 아이의 길을 안내하는 북극성과 같은 존재가 되어야 한다.

## 일관성을 가져라

\*\*\*

북극성은 바다나 사막, 깊은 산속에서도 길을 잃은 사람들에게 길을 찾게 도와준다. 말로 알려 주는 것도 아니고 길을 만들어 주는 것도 아닌데 길잡이가 된다. 자녀의 마음속에도 부모가 북극성처럼 자리를 잡고 있으면 어떤 난관도 잘 헤쳐 나갈 수 있다.

진숙 씨는 두 아이의 엄마로 남편에게 사랑받고 아이들도 잘 큰다며 주변의 부러움과 시기를 받는다. 두 자녀는 밝고 리더십이 있을 뿐 아니라 학업 성적도 상위권이다. 어릴 때부터 학교생활도 잘하고 사춘기도 무리 없이 잘 보냈다. 어떤 문제에 직면해도 잘 해결하는 모습을 보며 아이 키우는 데 무슨 비법이라도 있나 해서 주변 엄마들이 늘 궁금해했다. 자주 만나고 많은 시간을 같이 보내는 사이지만 그냥 복이 있는 사람이려니 하고 생각했다. 실제로 다른 가정과 별반 다르지 않았다.

진숙 씨 부부는 다른 사람들보다 조금 더 성실하고 바른 생활을 할 뿐 평범했다. 이처럼 '조금 더 성실하고 바른 생활'을 하는 일관성 있는 생활이 아이들의 성장에 좋은 영향을 주었던 것이다.

또한 가까이 사는 양가 조부모 또한 늘 두 부부와 손자, 손녀를 위해 기도하며 바른 생활을하는 모습을 보여 주며 그늘 역할을 해주었다. 어른이라는 북극성이 오랫동안 자리를 지키며 길잡이가 되었던 것이다. 물론 북극성 같은 역할이 어느 날 갑자기 하고 싶다고 되는 것은 아니다. 항상 같은 자리에서 좋은 부모 모습으로 살아가는 게 쉬운 일이 아니기 때문이다.

하지만 아이의 미래를 위해 책임감 있고 일관성 있는 부모가 되려면 작은 노력부터 실천해 나가야 한다. 좋은 결과 뒤에는 그럴 만한 이유가 있듯이, 좋은 자녀 뒤에는 노력하고 희생하며 변치 않는 올바른 부모가 있다.


## 믿고 격려하라
***

수민이 엄마는 전문직에서 일하다 늦은 나이에 결혼해서 아이를 낳았다. 나이 든 엄마라 예쁘게 가꿀 줄 모른다고 할까 봐 아이의 용모와 옷차림 등을 특별히 신경 써서 어린이집에 보냈다. 준비물은 빠짐없이 잘 챙겨 보냈고 모르는 일은 자세히 물어보고 도와줬다. 어린이집에 처음 보낼 때는 모든 게 서툴렀다. 해 보지 않던 많은 집안일과 육아만으로도 적응하느라 힘들었다. 오랜 세월 회사에서 일하던 습관이 있어서인지 집안에 얽매여 고립된 생활을 하는 듯한 생각이 들면 정체성에 혼란도 느꼈다.

하지만 어린이집에 들어간 아이가 잘 적응하지 못한다는 담임의 전화를 받고, 또 어디를 가도 사람들과 어울리지 못해 구석에서 혼자 있는 딸아이를 보며 생각을 바꾸게 되었다. 그러자 엄마 스스로의 부족함이 보이기 시작했고, 아이 문제의 원인이 자신에게 있음을 깨달았다. 이제는 직장인이 아니라 사랑으로 낳은 아이의 엄마 역할을 해야 한다는 것을 느끼게 된 것이다. 그래서 부모 교육도 신청해서 열심히 배우고, 아이와 함께 보내는 시간을 늘려 갔다.

교육을 받고 나면 아이 눈높이에 맞추려고도 노력했다. 또 함께 교육을 받는 젊은 엄마들과 이야기하며 그들의 육아법에도 귀를 기울였다. 나이 많은 엄마라 젊은 엄마들처럼 아이에게 못해 줘서 상처가 될까 봐 배운다고 했다. 또 휴일에는 아이가 많은 것을 경험하며 느낄 수 있도록 나들이를 자주 다녔고, 종교단체에서 봉사활동도 했다. 아이가 모르는 게 많으면 친구들에게서 따돌림당하지 않을까 걱정되어 더 세심하게 신경을 썼다. 한 번은 동네 늦둥이 엄마가 초등학교에 입학한 아이들이 엄마가 나이 들어 보인다며 학교에 오지 말라고 했다는 말을 듣고 외모 관리에도 신경을 썼다.

늦둥이 엄마들은 아이가 입학하면 안쓰럽다고 무슨 일이든 다 해결해 주려고 한다. 이렇듯 과잉보호로 자란 아이들은 의존적이고 자기중심적인 특성을 많이 보인다. 똑같은 상황인 수민이 엄마도 스스로 할 수 있도록 기회를 주고 격려하며 기다려 주는 교육을 하지 못했다. 하지만 아이를 어린이집에 보내면서 육아에 관심을 갖기 시작했다. 어린이집에서 주최하는 부모 참여 행사가 있을 때도 빠지지 않고 아이와 즐겁고 행복한 시간을 보냈다. 노력한 시간들이 점차 쌓이면서 입학 당시 낯가림이 심하고 내성적이던 수민이는 표정이 밝아졌을 뿐 아니라 승부욕도 강해져 무엇이든 의욕을 갖고 참여하는 아이로 변해 갔다.

수민이 엄마는 아이를 어린이집에 보내면서 아이보다 더 많이 성장한 자신을 보며 부모라는 역할에 대해 더 많이 생각하게 됐다고 했다. 오랫동안 수민이 엄마를 지켜보면서 젊은 엄마에게서는 쉽게 볼 수 없는 삶의 지혜가 엿보였다. 자신을 소중하게 가꿀 줄 알지만 아이를 위해서 희생할 줄도 아는 분별력 있는 엄마였다. 아이 키우며 겪을 수 있는 어려운 상황을 지혜롭게 이겨 내고 육아 정보를 아이 발달에 맞게 잘 활용하며 키울 줄도 알았다. 아이가 밝고 건강하게 자라는 환경은 부모의 나이나 돈, 학력 등이 아님을 증명해 주는 사례다.

원장이 된 지 7년째 되던 해 딸아이의 학교에서 총회가 있어서 학교에 갔다. 총회 시작 직전이라 많은 엄마들이 운동장과 강당 입구에 모여 이야기꽃을 피우고 있었다. 자녀 이야기, 친구 이야기, 새로 바뀐 담임 이야기로 대화가 끊이지 않았다. 어린이집을 운영하느라 시간이 없어서 딸아이 친구 엄마들을 사귈 여유조차 없었고, 총회날도 겨우 참석할 수 있었다.

총회 시간이 다 되어서 강당으로 들어가려는데 옆에서 "원장님 아니세요?" 하며 낯익은 목소리가 들렸다. 몇 년 전에 우리 원을 졸업한 원생 엄마들이었다. 오랜만에 만나서 반가웠지만 한편으로는 겁도 났다. 갑자기 나를 어떤 원장으로 기억하고 있을까 하는 걱정이 앞섰다.

"안녕하세요? 원장님. 여전하시네요?"

"네, 안녕하세요? 오랜만이네요. 잘 지내셨어요? 아이들도 학교에 잘 다니며 잘 크고 있죠?"

"그럼요! 원장님이 잘 가르쳐 준 덕분에 아이들이 회장, 부회장도 하고 대회 나가면 상도 많이 받아 와요. 그때는 말씀만 좋게 해주신다 생각했는데 학교에서 아이들이 하는 것을 보고 잘 가르쳐 주셨다는 걸 알았어요. 한번 가야지 하면서 차일피일 미루다 보니 오늘 여기서 뵙네요."

"말씀만 들어도 감사합니다. 어머니들이 잘 도와주시고 잘 키우셨는데 인사는 제가 받네요."

"아니에요. 원장님이 가르친 아이들은 다 잘해요. 1학년 때부터 담임선생님이 그랬어요. 아이가 잘하는 게 많고 교우 관계도 좋다며 어디 다녔느냐고 물었어요."

"우리 아이 담임선생님도 물었고요."라며 옆에 있던 엄마도 거들었다.

"우리끼리 만나면 원장님 얘기하며 감사하게 생각하고 있었어요."

"아이고 무슨, 제가 감사하고 좋아서 몸 둘 바를 모르겠네요. 아이들이 똑똑하고 어머니들이 신뢰해 주고 기다려 준 덕분인데 그렇게 말씀해 주시니 뿌듯하고 보람이 느껴지네요. 잘 크고 있다는 말만 들어도 저는 좋네요."

그날은 지난 세월 열심히 가르치려고 노력한 내 진심이 학부모에게 인정받은 것 같아 가슴이 벅찼다. 또 지금처럼 하면 되는구나, 열심히 노력하면 아이도 부모님도 알아주는구나 하는 확신을 얻었다. 자신감도 생겼고 더 잘해야겠다는 의욕도 생겼다.

지나온 날들이 필름처럼 하나둘씩 지나갔다. 적응을 잘하고 잘 배우는 아이들 뒤에는 늘 어린이집을 믿고 신뢰해 주는 부모들이 있었다. 가정에서 잘 가르치고 원 교육에도 관심을 갖고 도와줬다. 준비물 하나라도 정성껏 챙겨 주었다. 마음에 들지 않을 때도 기다려 주고 응원해 주었다. 잘 지도하고 가르칠 수 있게 담임을 격려해 주고 믿어 주었다.

믿고 신뢰할 수 있는 원 교육과 부모님의 협조가 잘 이루어지면 아이는 최상의 교육을 받고 있다고 해도 틀린 말이 아니다. 어린이집은 유아기 발달에 필요한 영양분을 채워 주기 위해 매일매일 노력하지만 부모가 신뢰하지 않고 도와주지 않으면 기대만큼 앞으로 나아갈 수 없다.

그래서 부모는 아이를 어린이집에 보낼 때 먼저 꼼꼼하게 따져 보고 신뢰할 수 있는 기관을 선택해야 한다. 어린이집 환경, 교육 프로그램, 교사 수준과 원장의 교육철학 등을 잘 알아보고 내 아이를 믿고 맡길 수 있는 기관인지 판단해야 한다. 그리고 한 번 선택한 후에는 믿고 도와주고 기다릴 줄 알아야 한다. 엄마의 믿음이 아이를 잘 성장하게 할 뿐 아니라 교사에게도 아이를 더 많이 사랑하며 잘 가르칠 수 있는 힘을 주기 때문이다.


## 절대 포기하지 마라
**★★★**

부모 교육을 할 때나 교사 교육을 할 때 꼭 강조하는 말이 있다. 엄마와 교사는 아이를 가르치고 키우면서 '포기'라는 단어를 써서도 안 되고 당연히 포기해서도 안 된다는 것이다. 아이는 가능성이 많고, 잠재력이 무한하기 때문이다.

학기를 시작하고 얼마 지나지 않아 어린이집 두 곳을 다녔지만 아이가 적응을 못한다고 상담하러 온 준우 엄마가 있었다. 돈을 벌어야 하는 준우 엄마는 아이를 어린이집에 보내야 하는데 받아 주는 데가 없다며 애원하다시피 부탁했다. 준우가 거칠고 난폭해서 반 친구 엄마들이 어린이집에 전화해서 그만두게 했다는 것이다. 자신이 돈을 벌어야 하는 이유도 있지만, 아이를 위해서라도 받아 달라고 했다. 준우는 깎아 놓은 밤톨처럼 짧은 머리에 귀엽게 생겼지만 밝거나 편안해 보이지는 않았다.

"어머니는 준우가 난폭한 행동을 하는 이유가 뭐라고 생각하세요?"

"아이 아빠와 저 때문이죠."

준우 엄마는 체념한 듯 지난 이야기들을 들려줬다. 준우가 돌이 갓 지나서부터 남편과 불화가 있었다. 이유는 아빠의 도박이었다.

카드 빚까지 얻어 쓸 정도로 살림이 어렵게 되자 부부 싸움이 잦아졌다. 말싸움이 욕설과 고성으로 이어지고 심하면 집기류까지 부쉈다. 부부 싸움을 할 때마다 어린 준우는 자지러지게 울었다. 결국 이혼을 하게 됐고 준우는 엄마가 양육하기로 했다.

엄마는 생활비를 벌기 위해 준우를 근처 어린이집에 맡기고 직장에 들어갔다. 그런데 입학을 하고 얼마 지나지 않아 어린이집에서 준우 엄마를 불렀다. 준우가 아이들을 때리고 소리를 지르면서 뜻대로 안 되면 물건을 집어 던진다고 했다. 사실상 엄마들의 민원으로 어린이집을 그만두라는 통보였다. 일을 해야 하는 상황이어서 곧바로 다른 어린이집에 보냈다. 하지만 똑같은 이유로 준우를 맡을 수 없다고 했다. 준우의 상태를 알기 위해 검사를 받고 싶었지만 경제적 이유 때문에 엄두를 낼 수가 없었다고 했다. 소문을 듣고 왔다며 세 번째 어린이집에서만큼은 잘 적응할 수 있게 꼭 받아 달라며 애원했다.

상황을 다 듣고 난 후 어린 준우가 겪었을 정신적 고통과 좌절감이 느껴지는 것 같아 안쓰러웠다. 작은 도움이라도 주고 싶어 입학원서를 받았다. 그리고 등원 첫날부터 준우의 적응을 도우며 담임선생님과 관찰을 했다. 처음엔 아이들 틈에서 눈에 띄는 행동을 하지 않았다. 하지만 시간이 지나 분위기에 익숙해지면서 달라지기 시작했다. 네 살짜리 행동이라고 하기에는 거칠고 과격하여 당황스러울 정도였다. 뜻대로 안 되면 소리 지르며 화를 냈다. 자기가 갖고 싶은 물건은 무조건 빼앗았다. 담임선생님의 말도 듣지 않았다. 결국 나는 준우 엄마에게 상담 요청을 했다.

"그렇게 문제가 심각한가요?"

"네, 지금 준우 행동을 그대로 놔둔다면 아이나 엄마가 더 힘들어져요. 성장하면서 더 심해질 수도 있고요."

"그럼 제가 어떻게 해야 될까요?"

그 뒤 우리는 매일 준우 문제로 회의를 했다. 말 못하는 아이라 해도 부모의 싸움, 고성, 기물 파손으로 정신적 충격을 받을 수 있고 상처가 되어 안 좋은 행동으로 나타날 수 있다. 또 어린 나이에 어린이집을 자주 옮기는 것은 양육자가 자주 바뀌는 것만큼이나 정신적으로 혼란을 주는 일이다.

준우 엄마에게 아동심리상담센터에 다녀오라고 했다. 검사 결과 ADHD주의력 결핍 및 과잉행동장애는 아니지만 유사 증상이라고 했다. 그나마 다행이었다. 준우 엄마는 준우를 데리고 병원을 꾸준히 다녔고 부모 교육에 참석하며 배운 것을 열심히 실천했다. 준우 엄마와 교사 모두가 준우에게 관심을 갖고 가르쳤다. 시간이 흐르면서 준우 행동이 변화하기 시작했다.

그런 와중에 준우 때문에 오기 싫다는 아이도 여러 명 있었고 준우가 계속 다닐 경우 그만두겠다는 엄마도 있었다. 때론 준우랑 같은 반 아이들과 엄마들이 힘들어하는 것을 보면서 흔들리기도 했다. 하지만 엄마들에게 양해를 구했다. 처음엔 망설이던 엄마들이 같이 아이 키우는 엄마 마음으로 이해해 주고 응원해 주었다. 일 년 동안 힘든 순간순간이 많았지만 포기하지 않고 마음을 다해 가르쳤고 준우 엄마도 믿어 주며 협조해 주었다.

일 년 과정이 끝나고 수료식 날이었다. 준우 엄마는 울면서 "원장님과 선생님들 덕분에 준우가 많이 좋아졌어요."라며 감사 인사를 했다. 힘들었던 만큼 보람도 큰 순간이었다.

그 후 준우네는 이사를 갔다. 몇 년이 지나고 하루는 준우 엄마가 찾아왔다. 반가움에 "준우 잘 크고 있죠?" 하고 물었더니 "네, 원장님과 선생님들 덕분이죠!"라고 했다. 나는 "준우 엄마가 믿어 주셨고 잘 도와주셔서 가능했어요."라고 답했다.

"원장님이 부모 교육 시간에 늘 강조하셨잖아요. 힘들어도 부모는 '포기'라는 단어를 쓰면 안 된다고. 또 아이는 금방 좋아지지도 않고, 금방 크는 것 같지만 천천히 자란다고요. 그래서 부모가 노력하고 힘을 쏟다 보면 어느 순간 좋아지는 것이 보이기 시작하니까 때를 놓치지 않게 포기만 말고 키우라고요. 그리고 부모 뜻대로 안 된다고 실망하지도 말고 늘 같은 마음으로 믿어 주고 격려해 주며 기다리라는 말을 기억하며 이겨 냈어요. 힘들고 포기하고 싶을 때도 정말 많았는데 원장님 말씀 생각하며 이겨 냈어요. 더욱이 준우는 어릴 때 제 잘못으로 문제가 생겼으니까 더 포기하는 엄마가 되면 안 되겠구나 하고 생각했어요."

편안하게 말하는 준우 엄마의 얼굴에서 '포기하지 않고 여기까지 오길 잘했구나!' 하는 마음이 느껴져서 꼭 안아 드렸다.

10년 전 호주에 연수를 가서 어린이집을 방문한 적이 있었다. 우리나라 아이를 포함해 25개국 아이들이 다니는 어린이집이었다. 그곳 원감이 우리나라 사람이라 상황을 상세히 들을 수 있었다. 호주 정부에서는 이민자를 위해 국비로 영유아기 아이들의 발달 검사를 해 준다고 했다. 문제가 있는 아이는 부모와 함께 상담과 치료까지 무료로 해 준다는 것이었다. 영유아들은 적기 치료가 평생을 좌우할 정도로 중요하기 때문에 때를 놓치지 않고 잘 키워야 한다는 호주 정부의 배려인 듯했다.

하지만 몇몇의 한국 부모들이 체면 때문에 자녀의 문제점을 숨기거나 치료를 거부하는 사례도 있어 안타깝다고 했다. 문제 있는 아이로 낙인찍히는 것을 두려워하고 창피해서인지 어린이집마저 그만두고 이사를 간다고 했다. 영·유아기에 일어나는 문제점을 제때 발견하지 못하거나 혹 알더라도 치료 시기를 놓치게 되면 예기치 못한 평생의 짐을 안고 살아가야 할 수도 있다. 아이에 대한 진정한 사랑의 출발은 때를 놓치지 않고 올바르게 성장할 수 있도록 돕는 것이라는 인식이 우선되어야 하지 않을까?

어느 날 세 살 된 남자아이를 데리고 입학 상담을 온 얼굴이 앳된 엄마가 있었다. 아이도 말이 없고 순해 보였다. 고등학교 졸업을 앞두고 불장난 같은 사랑으로 아이가 생겨 남편 본가로 들어와 아이를 낳고 두 돌이 지났다고 했다. 남편은 군 입대를 했고 본인은 아이를 키우느라 경제력이 없어 시부모 도움으로 생활한다고 했다. 아이를 데리러 올 때 얼굴을 보면 항상 어두운 표정이었다. 그래서 안쓰러운 마음에 말없이 어깨를 토닥여 보내곤 했다.

하루는 상담을 하고 싶다고 찾아와서 힘들게 이야기를 꺼내기 시작했다. 남편 없이 시댁에서 아이 키우는 게 너무 고달프고, 가끔 아들 앞길 막았다고 함부로 말하는 시어머니도 밉다고 했다. 문득문득 친구들이 그립고 예전으로 돌아가고 싶다는 생각이 들면 다 포기하고 싶어진다고 했다.

그런데 아이가 걸려 누군가와 의논하고 싶어 주변을 둘러보아도 아무도 없다는 것이었다. 인생이 어쩌다 이렇게 됐는지 생각하면 할수록 후회스럽고 서럽다며 펑펑 울었다. '얼마나 힘들면 이런 생각을 할까?'라는 생각과 함께 어린 나이에 엄마가 되어 아이 때문에 이러지도 저러지도 못하는 모습이 측은했다.

"승민이 엄마 그동안 많이 힘들었구나. 얼마나 지치겠어. 다 커서 정상적으로 결혼하고 아이 낳아 키우는 엄마들도 힘들어 포기하고 싶을 때가 한두 번이 아닌데. 친구들과 어울리며 세상을 배워야 할 나이에 아이한테 발목 잡히고, 남편은 없고, 시어머니는 힘들게 하니까 더 도망가고 싶겠지. 그런데 이 말만은 해주고 싶네요. 아이 아빠 만난 것도, 아이 낳은 것도 승민이 엄마 선택이었잖아, 그렇죠?"

"그러니까요. 제 발등을 제가 찍은 거예요."

"하지만 아이 낳은 엄마는 애를 버리는 순간 지금보다 더 큰 정신적 고통을 안고 살아야 해요."

"왜요?"

"자기 선택에 대한 책임을 안 지려고 도망가는 거잖아요."

"책임을 안 지려고 그러는 건 아니에요."

"아니라고 말하지만 엄마가 아이를 떼어 놓고 도망가고 싶다고 생각하는 것 자체가 책임 회피예요. 아이를 낳았어도 키우지 않으면 몸은 편하겠지만, 아이는 어떻게 되겠어요? 열 달 동안 뱃속에 있었던 엄마도 자식을 버렸는데 누가 남의 자식을 잘 키우겠어요? 그래서 아이를 낳는 순간 엄마라는 사실은 버릴 수도 지울 수도 없는 거예요. 몸이 편하려고 아이를 버린다면 생각 없이 임신해서 아이 낳고 후회하는 지금처럼 같은 상황이 반복될 거예요. 힘들게 하는 시어머니는 남편이 제대해서 잘 살면 괜찮아져요. 하지만 아이를 버리고 가면 평생 지울 수 없는 후회와 고통 속에서 살아야 해요. 그래서 어른들이 아이를 버린 엄마가 세상에서 제일 독하다고 하잖아요. 여자는 아이 낳으면 자식 행복이 내 행복이라 생각하고 키워야 하는 것 같아요. 남보다 인생을 빨리 시작했다 생각하고 아이 키우며 살아야 앞으로는 후회하지 않는 행복한 삶을 살 수 있지 않겠어요?"

그 후로 승민이 엄마는 부모 교육을 받으며 스스로 변화하려고 노력했다. 훈련기관에 자격증 공부도 하러 다녔다. 휴가 때는 남편도 찾아와 인사를 했다. 주변 상황은 크게 변하지 않았지만 승민이 엄마의 얼굴 표정은 밝아지고 있었다. 불안정하고 자신 없던 얼굴이 자신감 있는 모습으로 바뀌어 갔다. 원하지 않는 선택에 대해 후회만 하고 책임을 회피하려고 했던 예전 모습과는 달라 보였다.

여자는 아이를 낳는 순간 어디를 가서 무엇을 해도 아이 엄마라는 사실은 벗어날 수 없다. 승민 엄마도 그것을 깨달은 순간 바뀌어야겠다고 결심하게 됐다. 마음을 바꾸고 새로운 인생을 살아야겠다고 결심한 순간 가슴속에서 왠지 모를 행복감이 처음으로 느껴졌다고 한다. 아이 때문에 불행하다고 생각했는데 아이는 인생의 축복이고 보물이란 생각이 들었다는 것이다.

남편이 제대하고 얼마 지나지 않아 승민이네는 가까운 곳으로 분가를 했다. 힘든 출발을 경험해서인지 맞벌이를 하면서 열심히 살았다. 어린 나이에 사랑할 줄 알고, 스스로 행복을 찾은 승민이 엄마는 더 이상 자신감 없고 나약한 여자가 아니었다. 지금도 승민이 엄마를 떠올리면 행복은 누구나 노력하면 누릴 수 있다는 것을 새삼 느낀다. 엄마가 행복해야 아이도 밝고 활기찬 모습으로 자란다.

요즘은 돈이 많아야 무엇이든 할 수 있다고 생각하고 돈이 없으면 노력도 하지 않으려고 한다. 돈이 많은 부분에서 필요한 것은 부정할 수 없지만, 자신의 형편 안에서 인생을 만들어 가는 게 진짜 행복이 아닐까 싶다. 아이는 부모의 충분한 사랑과 관심이 있으면 된다. 너무 세상의 기준을 따르려기보다는 부모가 할 수 있는 만큼 해주고, 다른 아이와 비교하기보다는 내 아이가 갖고 있는 장점을 보면 된다. 다른 가정과 경쟁하지 말고, 내가 노력한 만큼 채워 주며 믿고 기다려 주고 격려해 주는 부모라면 아이는 잘 자란다.

순간순간 부모 노릇이 힘들고 자신의 삶을 잃어버린 것 같은 느낌이 들 때는 아이를 책임져야 하는 부모의 강한 힘으로 이겨 내야 한다. 부모가 아이를 사랑하는 만큼 아이 마음을 알 수 있고, 아이 마음을 아는 만큼 가슴을 채워 줄 수 있다. 부모 노릇을 제대로 한다고 느낄 때 아이는 부모를 존경하며 건강하고 바르게 자란다.


## 조부모라 해도 아이를 잘 키울 수 있다
***

아이들을 가르쳐 보지 않고 육아에 대한 공부를 하지 않은 사람은 아이는 엄마가 키울 때만 잘 자란다고 알고 있다. 그래서 이혼한 부모의 자녀를 보면 가엽다는 생각부터 갖는다. 또 편부모가 키우는 아이는 문제아가 아닐까 하며 곱지 않은 시선으로 보기도 한다. 모두 선입견이다. 미혼모에게서 태어나고 불우한 어린 시절을 보냈지만 오히려 남에게 베풀고 포용하는 방송인으로 성공한 오프라 윈프리 같은 사람도 많다.

조부모나 남의 손에서 키워진 아이를 동정심으로 보는 경우도 있다. 만약 그런 아이들에게 문제가 생기면 부모가 키우지 않아서 그렇다고 생각한다. 상식에서 벗어나면 무조건 비정상으로 보는 사회적 분위기 탓이다. 하지만 다양한 가정에서 자라 온 많은 아이들을 가르치며 친부모가 아니라도 아이를 올바르게 잘 키우는 사례를 많이 보았다.

그리고 책임감 없이 올바르게 양육하지 않으면 부모 또한 자녀를 불행하게 만든다는 사실을 주변과 매스컴을 통해 무수히 느꼈을 것이다. 사실 사랑과 관심을 기울여 아이를 키우는 사람이라면 부모가 아니라도 얼마든지 훌륭하게 키울 수 있다.

맞벌이 가정의 자녀인 다섯 살 남자아이 민호는 엄마, 아빠가 함께 와서 입학원서를 썼다. 엄마, 아빠는 직장 때문에 떨어져 있어서 주말에만 오고 평일에는 조부모가 보살핀다고 했다. 입학식 날에도 조부모가 민호를 데리고 원에 왔다.

그런데 아이가 또래보다 상당히 의젓했다. 처음이고 낯설어서 그런가 보다 생각했는데 적응도 잘하고 성격도 밝았다. 부모와 떨어져 있어도 아이가 잘 컸다는 생각이 절로 들 정도였다. 아이는 대부분 부모 성품에 영향을 받는다는 것을 많은 아이들을 가르치면서 보았기 때문이다. 보통 조부모가 키우면 어리광이 많고 적응 기간이 길게 마련인데 민호는 다른 아이들과 많이 달랐다. 담임도 놀랄 정도라며 칭찬을 아끼지 않았다.

어느 날 일이 있어 부득이 민호 조부모님 집을 방문할 기회가 있었다. 차 한잔 마시면서 조부모와 이야기를 나누었다. 집에서도 의젓하고 반듯하게 행동하는 민호를 볼 수 있었다. 속 깊은 것이 다 큰 아이 같았다. 그런데 조부모와 대화를 하다 보니 교육관이 놀랍고 인상적이었다. 민호가 할 수 있는 일은 스스로 할 수 있게 기회를 주어 책임감을 심어 주고, 바르지 못한 행동을 했을 때는 단호하게 가르친다고 했다. 할아버지를 바라보는 민호 모습에서도 깊은 사랑과 신뢰감이 느껴졌다.

민호의 조부모는 나이 들어서 할 일 없고 손주가 예뻐서 키우는 다른 조부모들과 달랐다. 부모 이상으로 양육에 대한 지식을 갖고 손자를 키우는 분들이었다. 과거에 당신 자식을 키우던 교육법을 기억해서 가르치고 또 그때 시행착오를 겪은 일은 다시 공부하여 더 좋은 방법을 찾아 양육한다고 했다. 또 요즘 육아 책을 보면서 부모의 빈자리를 느끼지 않도록 세심한 부분까지 신경 써서 키운다고 했다. 반듯하게 자란 민호 아빠나 민호가 잘 성장하는 것도 조부모의 영향이라는 사실을 알게 되었다.

또 조부모의 사랑과 노력으로 내성적이고 소심했던 아이가 변화한 사례도 있다. 할머니와 할아버지가 다섯 살짜리 아이를 데리고 입학 상담을 왔다. 교육 프로그램, 교육철학, 원 환경, 교사들의 사명감, 일 년 과정에 대해 부모보다 더 꼼꼼하게 물었다. 설명이 끝나자 마음이 놓인다며 흡족한 얼굴로 원서를 썼다.

딸이 이혼을 해서 키우게 된 외손자라고 했다. 엄마가 직장을 다녀 아이를 키울 수가 없어 외조부모인 당신들이 데리고 왔다고 했다. 가뜩이나 내성적인 아이인데 부모의 이혼으로 더 말도 없어지고 집에만 있으려고 해서 어린이집에 보내야겠다는 생각에 상담을 왔다고 했다. 어린이집에 다니면서 또래 아이들과 잘 어울려 사회성도 좋아지고 표정도 밝아졌으면 하는 바람이 컸다.

그런데 입학 후 준수는 어린이집에 적응하는 것을 힘들어 했다. 또래와 어울리려고 하지 않았다. 학습 시간에도 자신감과 의욕이 별로 보이지 않았다. 다른 아이들은 서로 손을 들어 발표하려 하지만 준수는 시켜도 하지 않았다. 변화된 모습을 보려면 시간과 노력이 필요한 아이였다. 입학하면서 담임과 할머니는 준수의 원 생활과 가정생활을 공유했고, 삭은 변화에도 칭찬과 격려를 아끼지 않았다.

어린이집에 오기 싫다고 한 날도 담임선생님을 믿고 보내 주었고, 아이를 위한 일이라면 적극적으로 협조해 주었다. 할아버지는 시간이 될 때마다 공원이나 대형마트, 키즈 카페 같은 곳을 데리고 다니며 준수에게 많은 경험의 기회를 주었다. 시간이 흐르면서 준수에게서 또래 아이들처럼 밝고 건강하게 변해 가는 모습을 볼 수 있었다. 정이 많은 준수는 동생 반 아이들을 잘 챙겨 주었고 마음이 아프거나 우는 아이들을 잘 달래 주는 아이가 되었다. 할머니, 할아버지의 성품을 닮아 간다고 할 정도로 배려심 깊고 바르게 커 가는 것을 지켜볼 수 있었다.

아이를 낳고 키우는 엄마라면 '나는 좋은 엄마일까?', '우리 아이를 잘 키우고 있는 걸까?', '나는 아이를 행복하게 잘 키우고 있나?' 하고 한 번쯤은 생각해 봤을 것이다. 자신에게 이런 질문을 하는 엄마라면 결코 잘못된 방향으로 아이를 키우지 않는다. 부모가 먼저 배우고 노력하며 지혜롭게 키운다면 더할 나위 없지만, 사실 부모가 키우는 것만큼 누가 어떤 환경에서 어떻게 키웠느냐도 중요하다.

이혼 가정 아이에게 문제가 있다면 이혼한 가정 자체에 문제가 있는 게 아니라 제대로 된 교육을 할 수 없는 환경이 문제인 것이다. 엄마가 키우지 않아서 문제아가 됐다면, 엄마만큼 충분한 사랑과 관심을 주는 사람이 주변에 없었기 때문이다. 물론 아이는 부모가 함께 키우는 환경이 최상이다. 하지만 불가피할 경우 부모 중 한 사람이 키우더라도 제대로 된 사랑과 관심으로 키우면 아이는 밝고 바르게 잘 자란다.

# 4장

/

# 베스트 맘으로
# 태어나라

베스트 맘으로 태어나라

# 1

★
★

# 식습관 바로잡기

늦둥이로 태어나 가족들의 과잉보호로 제멋대로 지내다가 어린이 집에 입학하고 나서 행동 수정을 하느라 힘들었던 아이가 있었다.

민준이는 학기가 시작되고 6월이 돼서야 들어온 네 살 남자아이였다. 고등학생 누나가 둘 있지만 아빠가 아들을 원해서 낳은 늦둥이였다. 밥을 먹지 않으려고 하면 쫓아다니며 먹이고, 울고 떼쓰면 다 받아 주며 키웠다. 반찬도 민준이가 좋아하는 것 위주로 차리고, 가족들이 다 떠먹여 주기 때문에 스스로 숟가락이나 포크를 사용하여 밥 먹을 일이 없었다. 가족의 이런 지나친 사랑은 민준이의 잘못된 습관을 만들었다.

영·유아기는 평생의 습관을 기르는 중요한 시기다. 이때 익힌 습관들이 바탕이 되어 평생을 살아간다. 그래서 때를 놓치지 말고 바른 습관을 길러 줘야 한다.

자기 방을 정리 정돈하지 않아도 '애기니까 못해도 돼.'라고 한다거나 편식을 하더라도 '나중에는 고쳐질 거야.'라고 쉽게 생각해 가르치지 않으면 바른 습관을 길들이기가 쉽지 않다. 유아 때부터 바른 식사 습관, 좋은 언어 습관 등을 길러 주려면 가정에서 몸에 익힐 수 있도록 기회를 주고 가르쳐야 한다. 가정에서 첫 단추가 습관의 시작이 되기 때문이다.


## 건강을 위협하는 편식
★★★

아이들은 집에서 먹어 보지 않은 낯선 음식은 잘 먹으려 하지 않는다. 또한 패스트푸드나 인스턴트식품에 익숙해진 아이들은 채소나 해초류 종류는 잘 먹지 않는다. 이렇게 편식이 심한 아이들은 대개 아토피가 있고, 짜증을 잘 내는 경향이 있다. 그리고 면역력도 약해 잦은 병치레로 고생을 하기도 한다. 당연히 발육도 또래에 비해 늦다.

편식 문제를 대수롭지 않게 생각하는 엄마들은 때가 되면 고쳐지겠지 하는 안이한 생각으로 아이가 고집하는 것만 먹인다. 어떤 엄마는 자신은 아무리 해도 아이의 편식을 고칠 수 없다며 어린이집 교사에게 맡기는 경우도 있다. 또한 직장에 다니는 엄마나 다른 사정으로 고쳐 주지 못하는 엄마들은 미안해하고 속상해하기도 한다. 나는 많은 아이들을 가르치고 두 아이를 키우면서 편식은 유아기에 고치지 않으면 커서는 더 힘들다는 사실을 많이 경험했다.

어린이집 교사들은 회의 때마다 아이들이 잘 먹고 건강하게 자랄 수 있는 교수 방법을 연구하여 인형극을 하거나 좋은 사례를 들려주어 올바른 습관을 만들어 주려고 노력한다. 실제로 많은 아이들의 편식습관이 고쳐신다. 그러나 가정에서 협조하지 않으면 아이는 언제든 또 입에 당기는 것만 먹는 편식쟁이로 돌아간다.

어릴 때 먹을 게 귀한 시절이었는데도 나는 편식이 심했다. 특히 대추, 콩, 파를 안 먹었고 낯선 음식은 아예 싫어했다. 그런데 친정 엄마의 지혜로 편식 습관을 고칠 수 있었다.

어느 더운 여름날 오랜만에 엄마가 삼계탕을 끓여서 모든 식구가 식탁에 둘러앉았다. 나는 삼계탕에 들어 있는 대추를 여느 때처럼 골라냈다. 처음 본 것도 아닌데 그날따라 엄마는 놀란 표정으로, "막내야, 대추 모양이 어떻게 생겼지?" 하시기에 "쭈글쭈글하게 생겼잖아!"라고 대답했다.

"그렇지? 쭈글쭈글하게 생겼지?"

"응. 그런데 왜 엄마?"

"대추를 보고 안 먹으면 얼굴이 대추처럼 쭈글쭈글하게 변한단다. 그런데 우리 막내가 삼계탕에 들어 있는 대추를 봤는데도 계속 안 먹으니까 대추처럼 될까 봐 걱정돼서 그렇지. 아버지랑 오빠들은 다 먹잖아."

어린 나는 그 말을 믿고 겁이 나서 대추만 보면 먹기 시작했다. 또 하루는 식사 때 밥에 들어간 콩을 골라서 엄마 밥에 옮기고 있는데 엄마가 내게 말했다.

"막내야, 똘똘하다는 소리 들으면 기분 좋지?"

"응."

"근데 앞으로는 못 들을 수 있어?"

"왜 엄마?"

"똘똘하다는 말을 듣는 건 네가 배 속에 있을 때 엄마가 콩을 많이 먹어서 들을 수 있었던 거야. 그런데 지금 콩을 먹지 않으면 앞으로는 못 듣지 않을까? 콩이 몸에 얼마나 좋은데."

엄마의 말에 콩도 먹기 시작했다. 못 먹던 파도 엄마의 지혜 덕분에 먹게 되었다. 또 처음 본 음식인데 모양이 이상해서 안 먹으면 색다른 요리를 만들어서 먹도록 해 주었다.

두 아이의 편식을 못 고쳐서 힘들 때, 또 어린이집 아이들의 편식 때문에 고민할 때 나는 엄마가 가르쳐 준 방법을 그대로 써서 고쳐 주곤 했다. 이런 식의 방법은 영·유아기 때에만 받아들이기 때문에 할 수 있는 것이고, 그 시기가 지나면 편식은 고쳐 주기가 정말 힘들다.

대학생 아들은 키가 크지 않다. 그래서 키 얘기만 나오면 아쉬움이 크다. 어릴 때 바쁘다고 먹을 것을 많이 챙겨 주지 못한 엄마 탓 같아 미안하고 속상하다. 요즘 인기리에 방송되고 있는 〈슈퍼맨이 돌아왔다〉의 송일국 씨 삼둥이를 보면 부모도 아이를 키우며 성숙해지고, 아이들도 어릴 때부터 접해 본 음식을 잘 먹는다는 사실을 알 수 있다. 또 건강한 아이들은 이유식을 시작할 때부터 부모가 골고루 잘 먹는 습관을 만들어 주는 걸 알 수 있다.

하지만 바쁜 생활과 요리에 익숙하지 않은 요즘 엄마들은 시중에 나오는 이유식을 먹이는 경우가 많다고 한다. 인스턴트식품이나 간편한 음식을 선호하는 가정이 많아 어려서부터 편식과 불규칙한 영양 섭취를 한다고 해도 과언이 아니다. 식습관이 형성되는 영·유아기에 부모와 유아교육기관이 함께 지혜를 발휘해서 해결해야 할 것 중 하나가 유아의 편식을 고쳐 주는 일이다.


## 아침 식사 챙기기

***

편식만큼 큰 문제가 영·유아기에 아침을 거르는 것이다. 우리 집은 아침 식사를 걸러 본 적이 거의 없다. 어릴 때부터 친정 엄마가 아침은 꼭 챙겨서 먹인 덕분이다. 그래서 나는 직장에 다닐 때나 결혼해서 일할 때에도 잠은 덜 자더라도 아침은 꼭 먹고 다녔다. 아이를 낳고 키우면서도 아침밥을 거른 적이 별로 없었다. 몸에 밴 습관이라 아침을 먹지 않으면 하루 종일 기운이 없고 일할 의욕이 나지 않았다.

우리 아이들도 어릴 때부터 습관이 되다 보니 지금은 아침밥 먹는 것을 당연하게 여긴다. 아들과 딸이 학교 다닐 때 많은 친구들이 아침을 굶고 오거나 우유 한잔만 마시고 온다며 밥맛이 없는 날은 자기도 굶겠다고 그냥 등교한 적이 있었다. 하지만 이틀도 못 가서 공부가 집중이 더 안 된다며 아침밥을 먹고 갔다.

입맛이 없는 날, 작은 양이라도 먹는 습관을 들이다 보니 아침밥은 우리 가족에게 필수가 되었다. 아이들이 고등학교에 다닐 때는 밤늦게까지 공부하고 와서 건강을 해칠까 아침에 고기를 먹이기도 했다. 평소에 아침 먹는 습관이 형성되어 있었기에 가능했다. 그 덕분에 두 아이 모두 큰 병치레 없이 건강하게 자랐다.

어린이집에 등원한 아이들 모습을 보면 아침을 먹고 온 아이와 먹지 않고 온 아이의 행동은 눈에 띄게 다르다. 밥을 먹고 온 아이는 신체 활동에 자신감이 있고 활기차다. 또한 친구들과도 잘 어울린다. 하지만 아침밥을 안 먹은 아이들은 기운이 없을 뿐 아니라 의욕이 없고 활동성도 떨어진다.

물론 아침밥의 영향만은 아닐 수도 있다. 아침밥을 먹는 아이는 엄마의 충분한 사랑을 받으며 규칙적인 생활을 해서 이미 몸과 마음이 준비가 된 상태로 어린이집에 온다는 표현이 맞을 것이다. 반대로 매일 아침밥을 거르는 아이는 기초 체력이 약하고 챙김을 못 받아 정서적·육체적으로 힘든 상태에서 오기 때문일 것이다.

　그래서 어린이집에서는 학부모 오리엔테이션을 할 때 아침밥은 꼭 먹여서 보내라고 공지한다. 또 가정통신문을 통해 강조하고, 부모 교육 시간에도 아침 식사의 중요성에 대해 말한다. 다행히 요즘은 바쁜 엄마들이 많고 맞벌이 가정이 늘면서 아침밥을 안 먹고 오는 아이들이 많아지자 어린이집에서는 오전 간식을 의무적으로 시행하고 있다.

　다음은 이시형 박사가 아침 식사의 필요성을 강조한 글이다.


••우리가 아침에 일어나 정신이 멍한 것은 잠이 덜 깨서가 아니라 실은 포도당이 부족해 머리가 잘 돌아가지 않기 때문이다. 또 어린이는 뇌 발달이 왕성하기 때문에 포도당 필요량이 어른의 두 배가 된다는 사실을 명심해 주기 바란다. 포도당이 부족하면 당장의 뇌 기능도 문제지만 뇌신경 발달에도 지장이 온다. 그리고 포도당이 있어야 정신을 맑게 하고 기분을 쾌적하게 하는 세로토닌 분비가 촉진된다. 아침을 거르고 혈당 수치가 낮으면 밤사이 떨어진 체온이 잘 올라가지 않기 때문에 신체 전반에 시동이 잘 걸리지 않는다. 추운날 자동차 시동이 잘 걸리지 않는 것과 마찬가지다.

　혈당이 부족하면 쉽게 짜증이 나고 주의 집중력이 떨어져 수업이 안 된다. 학력이 떨어질 수밖에 없다. 바쁘다고 간단히 먹는 야채 음료나 우유 한 병에는 포도당이 없다. 따라서 질 좋은 양질의 포도당으로 바꾸는 식사, 그리고 신체를 연소 모드로 만들어 주는 아미노산단백질 등을 충분히 공급해 줘야 한다. 밥맛이 없다고 허둥지둥 뛰어나가서는 안 된다. 아침에는 일찍 일어나 여유 있는 식사를 해야 한다. 이런 작은 습관이 아이의 하루를 바꾸고 일생을 좌우한다.● ●

이처럼 아침 식사 습관은 우리가 상식적으로 알고 있는 것보다 훨씬 중요하다. 사람은 하루에 먹어야 하는 총량이 있다. 아침을 거르면 점심이나 저녁에 폭식을 할 수밖에 없다. 특히 저녁 늦은 시간에 먹는 야식은 건강에도 좋지 않고 비만으로 이어질 수 있다. 밤늦게 먹으면 아침을 거르는 것이 자연스러운 일이 된다. 먹고 바로 잤으니 아침에 배고프지 않기 때문이다. 따라서 아침을 먹는 습관을 기르려면 야식을 먹는 습관부터 버려야 한다. 엄마는 아무리 바쁘더라도 아이의 아침 식사는 챙겨야 한다. 그것이 아이의 평생 식습관을 좋게 만들고 건강을 지키는 일이기 때문이다.

## 식사 예절 가르치기
***
4세가 되면 유아들이 말을 알아듣고 이해할 수 있기 때문에 기본 예절 교육을 시작한다. 가정에서는 이 시기를 전후로 해서 식탁 예절을 한 가지씩 가르쳐야 한다. 식사 전에 손 씻기, 한자리에 앉아서

식사하기, 조용히 먹기, 감사한 마음으로 먹기 등을 가르쳐야 하는 것이다. 식사 도구인 수저, 젓가락, 포크 사용법도 유아기에 훈련해야 할 예절 중 하나다.

한번은 이런 일이 있었다. 오전 프로그램을 마치고 점심시간이 되어 손을 씻고 밥을 먹기 시작했다. 모두가 맛있는 점심을 먹고 있는데 갑자기 예진이의 울음소리가 들렸다. 깜짝 놀라 예진이에게 다가가 "왜 그래? 무슨 일이야, 예진아?" 하고 물었다.

"선생님, 민지가 포크로 손을 찔러서 피가 나요."

예진이가 붙잡고 있던 다른 손을 보니 왼손 새끼손가락 윗쪽에 상처가 나 있었다. "많이 아프겠다. 가서 약 가져올게. 조금만 참아, 예진아." 하고 약통을 가져와서 약을 발라 주었다. "그런데 어쩌다 다친 거야?" 하고 묻자, 예진이는 말없이 민지를 바라보았다. 짝꿍 민지는 갑자기 고개를 푹 숙였다.

"왜? 둘이 싸웠어?"

"아니요. 장난치다가 그랬어요."

"포크로 장난을 쳤어?"

"네."

"포크는 음식을 먹을 때만 사용하는 거라고 배웠는데 왜 손을 찔렀어?"

민지도 당황했는지 눈물을 글썽였다. 하루 일과를 마치고 아이들의 하원이 끝나자 담임선생님은 점심시간에 다친 예진이 엄마에게 전화를 했다.

"안녕하세요, 어머니. 혹시 예진이 손 보셨어요?"

"그렇잖아도 제가 전화하려고 했는데 선생님이 먼저 하셨네요? 아니, 선생님은 뭐 하셨기에 다른 애가 포크로 예진이 손을 찌를 때까지 모를 수가 있어요?"

"죄송합니다. 식사 도중에 갑자기 일어난 일이라……."

"선생님이 있어도 다치는 것은 애들한테 신경을 쓰지 않아서 일어나는 일 아니에요? 손이라 다행이지 얼굴이나 눈이라도 다쳤으면 어쩔 뻔했어요? 또 포크 사용법 교육을 하긴 한 거예요? 밥 먹을 때 쓰는 포크로 사람을 찌르면 어쩌자는 거예요?"

상황 설명을 하기도 전에 예진이 엄마는 속사포처럼 쏘아 댔다. 예진이 엄마의 말을 담임선생님은 듣고 있을 수밖에 없었다.

식사는 인간이 삶을 영위하는 데 있어서 가장 기본이 되는 행위다. 수면과 마찬가지로 죽을 때까지 멈출 수 없는 일이기도 하다. 생명을 우지하고 건강한 삶을 위해서 필수적인 일이기 때문이다. 따라서 유아기 때 올바른 식사 예절을 익혀야 한다.

물론 식사 예절을 가르치지 않아도 집에서 식사할 때는 그것이 그리 큰 흠이 되지는 않을 것이다. 그러나 아이가 성장해 친구들이나 다른 어른과 함께 식사하는 자리라면 문제는 달라진다. 잘못된 식사 예절이 교양과 인격 부족으로 평가받을 수도 있다.

**1. 일반적인 식사 예절**

· 밥그릇, 국그릇을 손으로 들고 먹지 않는다.

· 밥과 반찬은 한쪽부터 먹도록 한다.

· 음식을 손으로 집어 먹지 않는다.

· 수저로 음식을 뒤적거리지 않는다.

· 수저가 그릇에 부딪혀서 소리가 나지 않도록 한다.

· 먹는 도중에 수저에 음식이 묻어 있지 않도록 한다.

· 먹지 않는 음식을 골라내거나 양념을 털어 내고 먹지 않는다.

· 음식을 씹을 때는 입을 다물고 씹으며, 소리를 내지 않는다.

· 식사 중에 자리를 뜨지 않는다.

· 식사 중에 책, 신문, TV 등을 보지 않는다.

· 음식을 먹는 도중에 뼈나 생선 가시 등 목으로 넘기지 못하는 것은 옆 사람 에게 보이지 않게 조용히 종이에 싸서 버린다. 상 위나 바닥에 그대로 버려 서 더럽히지 않도록 한다.

· 식탁에서 턱을 괴지 않는다.

· 식사 중에 재채기나 기침이 나올 때는 고개를 돌리고 입을 가린 채로 한다.

· 멀리 떨어져 있는 음식이나 간장 등은 옆 사람에게 집어 달라고 부탁한다.

· 음식을 다 먹은 후에는 수저를 처음 위치에 가지런히 놓고, 사용한 냅킨은 접어서 상 위에 놓는다.

· 이쑤시개를 사용할 때는 한 손으로 가리고 사용하고, 사용 후에는 남에게 보 이지 않게 처리한다.

**2. 어른을 모시고 식사할 때**

· 출입문에서 떨어진 안쪽이 상석이므로 어른을 안쪽 자리에 모신다.

- 바른 자세로 앉는다.
- 어른이 먼저 수저를 드신 후에 식사를 시작하고 속도를 맞춘다.

## 3. 도구 사용법
- 숟가락과 젓가락은 한꺼번에 들고 사용하지 않는다.
- 숟가락을 빨면 안 되며, 숟가락, 젓가락을 한 손에 쥐어서도 안 된다.
- 젓가락을 사용할 때는 숟가락을 상 위에 놓는다.
- 식사 중 숟가락과 젓가락은 반찬 그릇 위에 걸쳐 놓지 않는다.
- 밥과 국물이 있는 김치, 찌개, 국은 숟가락으로 먹고, 다른 찬은 젓가락으로 먹는다.

## Tip 6  아이의 식습관을 고치는 법

### 1. 부모의 식습관 돌아보기
아이는 부모의 거울이라고 하는 것처럼 부모를 그대로 따라 한다. 따라서 우선 부모가 음식을 먹을 때 편식을 하지는 않는지 살펴봐야 한다. 아이를 위해서라도 야식을 줄이고, 골고루 먹는 어른들의 식습관이 중요하다.

### 2. 정해진 식사 시간에만 식사하기
식사를 잘 안 하는 아이들을 보면 같은 장소가 아닌, 엄마가 떠먹여 주면서 장소가 바뀌는 아이들이 있다. 하지만 마음을 독하게 먹고 식사 시간과 식사 장소를 정해서 밥을 주는 것이 중요하다. 충분히 설명을 해주고, 식사 외 시간에는 간식도 주지 않고 밥을 다 먹지 않아도 식사 시간이 끝나면 치우도록 한다. 아이가 식사 시간이 아니면 밥을 먹을 수 없다는 것을 인지해서 잘 먹도록 유도한다.

**3. 싫어하는 음식과 좋아하는 음식을 함께 먹이기**
싫어하는 음식을 조금씩 먹이고, 먹었을 때는 칭찬을 한다. 점차 양을 늘려 아이가 골고루 먹을 수 있도록 도와준다. 또한 거부감이 들지 않도록 안 먹는 음식은 잘 안 보이도록 요리해 주면 더욱 좋다.

**4. 식사의 전반적인 과정을 함께하기**
아이가 거부했던 식재료도 함께 요리하면 성취감도 느끼고, 자신이 음식을 만들면서 행복감을 느껴서 완성된 요리를 좀 더 쉽게 먹을 수 있다.

**5. 음식을 먹을 때 꼭꼭 씹는 습관을 길러 주기**
음식을 꼭꼭 씹어 먹으면 입 주변 근육이 발달한다. 이는 집중력을 높이고, 뇌 신경을 자극하여 뇌의 혈류량을 증가시킨다. 꼭꼭 씹는 행위는 두뇌 활동에 자극을 많이 준다. 처음에는 부드러운 음식으로 시작해 점차 무른 음식, 덩어리가 큰 음식을 꼭꼭 씹을 수 있도록 하여 식습관을 변화시키도록 한다.

# 2

✦✦

# 언어 습관
교육하기

　지금처럼 교육비 지원을 다 받지 못하고 부모님 부담으로 어린이집을 다니던 아이가 많을 때였다. 필자는 어린이집을 운영하면서 인생의 뿌리가 되는 유아기를 좋은 교육 프로그램으로 채워 주기 위해 많은 노력을 기울였다. 또한 생활에서 감사함을 느낀다면 삶이 풍요로워질 수 있다는 믿음을 가지고 있었기에 이를 실천하려 애를 썼다.

　인성교육 시간에도 '감사'에 대해서만큼은 더 꼼꼼히 설명해 주고 가정에서의 실천 방법도 가르쳤다. 감사에 대해 가르치는 시간에는 쉽게 이해할 수 있고, 가장 많이 느낄 수 있는 부모님이 보내 주시는 교육비로 설명을 했다. 동화책이나 극놀이를 통해 아이들이 직접 역할을 해봄으로써 부모님의 마음과 감사하는 체험 시간도 가졌다. 월요일에는 강당에서 조회를 마치고 난 후 감사에 대한 정의와 의미를 이해하기 쉽게 교사들이 설명해 주며 다음과 같이 질문도 했다.

"우리 친구들! 어린이집에 오는 거 좋아요?"

"네!"

"친구들도 보고 선생님도 만나고 또 좋은 곳도 가고 재미있는 활동도 하고 좋지요?"

"네!"

"그런데 어린이집은 누구 덕분에 올 수 있어요?"

큰 소리로 대답하던 아이들은 갑자기 서로 얼굴만 보고 있었다.

"아빠, 엄마가 보내 주셔서 올 수 있는 거죠. 선생님과 친구들을 만나서 재미있게 놀고 똑똑해지라고 부모님이 열심히 일해서 보내 주시는 거예요. 저녁에 부모님이 퇴근해서 들어오시면 힘들어 보이지요? 엄마, 아빠가 우리 친구들을 많이 사랑하기 때문에 힘들어도 열심히 일하시는 거예요. 이제 알겠지요? 엄마, 아빠한테 어떤 마음을 가져야 할까요?" 하며 설명했다. 가족이어서 함께 사는 부모라고만 생각하던 아이들은 지금까지 느꼈던 부모의 존재보다 더 큰 부모의 모습을 떠올리는 표정들이었다.

"부모님께서 우리 친구들을 얼마나 많이 사랑하는지 이제 알겠어요?"

"네!"

"또 부모님께서 맛있는 음식도 해주시고 예쁜 옷도 사 주고 장난감도 사 주지요? 그러니까 저녁에 부모님께서 일하고 오시면 감사합니다, 하고 꼭 말하세요. 우리 친구들은 모두 멋진 사람이니까 할 수 있지요?"

또 어린이집 원장, 교사, 조리 선생님, 운전해 주시는 안전 선생님에 대한 설명과 그분들에게 왜 감사해야 하는지도 가르쳤다. 하루는 교사들까지 퇴근한 저녁 시간에 사무실에서 남은 일을 처리하는데 전화벨이 울렸다.

"원장님이세요? 저 잎새반 상수 엄마예요."

"아, 네. 안녕하세요? 무슨 일 있으세요?"

반갑기보다는 걱정부터 앞섰다. 이때 걸려 오는 학부모들의 전화는 좋은 일보다는 안 좋은 일이 많았기 때문이다. 그래서 아이들이 하원한 뒤 울리는 전화벨은 지나간 하루 일과를 더듬으며 받게 된다.

"무슨 일이 있어서가 아니고요. 애 아빠랑 저랑 기분이 좋아서 전화했어요."라며 상수 엄마는 상기된 목소리로 말했다. 나쁜 일은 아니구나 생각하며 안심하고 물었다.

"좋은 일이 있는 듯한 목소리네요, 어머니?"

"네, 애들 아빠가 감동했어요. 상수 말 한마디에 이렇게 감동할 줄 몰랐어요."

"무슨 말인데요?"

"오늘 아빠가 일찍 와서 함께 저녁을 먹게 됐어요. 그런데 상수가 수저를 들더니 '아빠 감사합니다!' 하는 거예요. 애 아빠랑 저랑 쳐다

봤더니 '아빠가 열심히 일한 돈으로 나 어린이집 보낸 거지?' 하고 묻더라고요. 뜬금없는 말에 남편과 얼굴을 마주 보고 당황해하는데 또 '매일매일 옷 입혀 주고 맛있는 밥 먹을 수 있게 해주는 엄마 감사합니다.' 하는 거예요. 아이 입에서 그런 말을 듣고 나니까 자식 키우는 게 이런 거구나 싶더라고요. 또 어린이집에 보내길 잘했구나 하고 생각했어요. 아빠는 아이 말에 하루 피로가 다 풀렸다며 좋아했어요."

유아기부터 가르쳐야 할 교육의 한 부분이었는데 상수 엄마의 전화가 하루의 고난함을 보람 있게 해주었다. 이처럼 올바른 언어 습관은 길들이기 나름이다. 감사합니다, 미안합니다, 사랑합니다와 같은 말도 평소에 하지 않으면 꼭 말해야 할 때도 할 수 없다. 아이에게 좋은 말을 쓰는 습관을 길러 주는 것은 아이의 정서에 좋을뿐더러 대인 관계에서도 친밀도를 높여 주는 효과가 있다.


## 말은 곧 인격이다
***

말을 고급스럽게 하는 사람을 보면 왠지 좋은 사람처럼 보인다. 아는 것이 많고 인격을 갖춘 사람 같아 신뢰감을 준다. 그리고 훌륭한 성품의 부모에게서 잘 배웠을 것이라는 생각이 든다. 반면 말을 거칠게 하거나 욕을 하는 사람은 마음이 나빠서 말을 함부로 하는 사람처럼 느껴진다. 부모에게서 잘못 배우고 자라서 그럴 것이라는 선입견을 갖게 된다. 아이는 부모의 영향을 가장 많이 받고 자라기 때문이다.

일곱 살 여자아이 민주는 평상시 또래들과 어울릴 때 욕을 잘 한다. 화가 나면 어른들이 쓰는 욕을 아무렇지 않게 한다. 교사가 다른 아이들에게 안 좋은 영향도 있고 좋지 않은 말이니 사용하지 못하게 해도 잘 고쳐지지 않았다. 습관이 된 듯 본인도 모르게 튀어나왔다. 엄마의 영향을 받은 것이다. 민주 엄마는 일상생활에서 욕을 친근감의 표현으로 사용하고 있었다. 유아기에는 부모가 평소에 사용하는 언어를 자연스럽게 배우게 된다.

필자 자신도 아이를 키우면서 말을 조심하려고 노력하게 된 계기가 있었다. 지금은 대학생이 된 작은아이가 어릴 때의 일이다. 직장에 다니느라 작은아이가 첫돌이 지나면서 아파트에 있는 어린이집에 보냈다. 구조도 집하고 똑같아 편안하게 잘 적응할 거란 생각에 선택했다. 또래들도 많고 장난감이 많아 처음부터 적응을 잘했다. 시간이 지나도 떼쓰지 않고 잘 다녀서 일하는 엄마의 걱정을 덜어주었다. 그러던 어느 날 퇴근하며 아이를 데리러 갔는데 교사가 안 좋은 표정으로 우리 아이가 다른 아이와 싸웠다는 것이었다.

"오늘 찬수라는 애랑 다툼이 있었어요. 몸집이 큰 아이라서 처음엔 맞는데 힘이 밀리니까 강산이가 갑자기 아이 팔뚝을 물었어요. 찬수 집으로 전화를 주셔야 될 듯해요. 죄송해요."

"아니에요. 우리 아이 때문에 선생님이 난처하셨을 텐데, 제가 죄송하죠. 찬수 많이 다쳤나요?"

"팔에 조금 멍이 들고 이 자국이 났어요."

"많이 아팠겠네요. 찬수 집 전화번호 좀 알려 주세요. 집에 가서 전화할게요."

집에 도착해서 미안하고 조급한 마음으로 전화를 걸었다. "안녕하세요? 저는 별빛놀이방에 다니는 산이 엄마예요. 오늘 저희 아이가 물어서 찬수가 다쳤다고 해서 전화 드렸는데 찬수는 괜찮나요? 정말 죄송합니다." 하고 정중하게 사과했다. 그러자 "당연히 아파하죠. 피멍이 들었는데 어린 게 얼마나 아팠겠어요." 하고 따지듯 말하기에 다시 한 번 죄송하다고 사과했다.

그런데 사과의 말이 채 끝나기도 전에 "죄송이고 뭐고 아이가 다시 물지 않게 따끔하게 혼내세요. 그리고 애 뱄을 때 멍멍이라도 먹고 낳아요? 무슨 아이가 사람을 물어요?"라고 하더니 일방적으로 전화를 끊었다. 미안하고 걱정스런 마음에 전화했는데 모욕적인 말을 들은 것 같아 순간 화가 났다.

다시 전화해서 따지고 싶었지만 내 자식이 잘못한 일이라 참았다. '아이 싸움이 어른 싸움 된다는 게 이런 거구나!' 하는 생각이 들었다. '아이 키우는 엄마가 저렇게 표현해야 마음이 풀릴까?' 하는 생각이 들면서, 미안하고 이해되기보다는 인격이 낮은 사람처럼 느껴져 두 번 다시 만나고 싶지 않은 사람으로 여겨졌다.

어린이집에서도 언어 사용 때문에 부모 감정까지 건드려 싸움으로 번진 일이 있었다. 아이들끼리 어울리다 보면 순식간에 얼굴에 상처가 나도록 다툴 때가 있다. 대부분 어린이집 교사나 원장이 다친 아이 부모와 통화하여 해결하지만, 상황에 따라 양쪽 부모에게 연락해야 할 때가 있다.

한번은 맞은 아이 부모가 사과를 원해서 때린 아이 부모에게 전화해서 원만히 잘 풀라고 한 일이 있었다. 때린 아이 부모는 미안한 마음에 다친 아이 부모에게 전화해서 정중히 사과했다. 하지만 다친 아이 부모가 사과하는 부모에게 거친 말을 해서 감정싸움으로 크게 번지게 되었다.

이렇게 부모 간 문제가 생기면 교사들은 정말 당황스럽다. 심지어는 때린 자녀 부모가 자식의 잘못을 사과하지 않고, 때린 것을 당연하게 여겨 피해 아이 부모에게 두 번 상처 주는 말을 한 적도 있다. 아이 싸움에 양쪽 부모가 욕하며 과격하게 싸울 때는 어린이집을 그만하고 싶다는 생각이 들기도 했다.

아이는 언어가 발달하기 시작하면서 부모의 말과 표정을 있는 그대로 보고 배운다. 그리고 부모에게 배운 언어로 의사 전달을 하고 또래 관계를 형성하며 자란다. 그래서 아이 앞에서 부모가 보여 주는 행동이나 태도는 곧 아이의 인격이 된다. 부모가 먼저 좋은 말을 사용하고 가르쳐야 자녀가 인격적으로 훌륭하게 자란다는 것을 아는 부모는 많지만, 그것을 정작 실천하는 부모는 현실에서 그리 많지 않다.

## 좋은 말은 연습이 필요하다

### ***

나는 어릴 적에 무뚝뚝할 정도로 말씀이 없는 아버지와 세심하고 내성적인 엄마 밑에서 자랐다. 두 분은 말보다는 행동으로 자식을 키웠다. 아프면 음식에 더 마음을 써 주고, 공부할 때는 농사일을 시키지 않았다. 기쁘거나 슬프면 마음으로 안아 주고 지켜봐 주는 게 느껴져서 다른 따뜻한 말이 필요한지도 모르고 자랐다.

그래서일까? 나도 커서 주변 사람이 즐거워하거나 힘들어하면 위로의 말보다는 마음과 행동으로 배려해 주었다. 그런데 부모가 되고 가르치는 사람이 되면서 표현이라는 것이 얼마나 중요한지 알게 되었다.

첫아이를 임신해서 병원에 갔을 때 의사가 "축하합니다. 임신입니다." 하며 태아에게 이야기를 많이 해주면 좋다고 했다. 특히 사랑한다는 말을 많이 해주라고 알려 주었다. 처음에는 "아가, 만나서 반가워!", "엄마, 아빠한테 와 줘서 고마워." 같은 말을 하고 싶은데 입안에서 나오지 않았다.

하지만 아기에게 좋다고 하니까 해야 되겠다는 생각에 혼자 중얼거리기도 하고, 거울을 보고 연습도 했다. 아직 느낌이 없는 배를 만지면서 해 보지 않던 말을 하는 게 쉽지 않았지만 연습을 했다. 그러자 어느 순간부터 어색하던 말들이 자연스러워지기 시작했다. 쑥스러워도 자주 하다 보니 어느 순간 배 속에 있는 아이와 이야기를 하게 됐다.

아이가 처음 태동하던 날이었다. 막연하게 느끼던 한 생명이 뱃속에서 크고 있다는 사실이 온몸으로 느껴지기 시작했다. 한 번도 느껴 보지 못한 형언할 수 없는 신호를 받고 나도 모르게 "사랑해, 아가!" 하며 배를 만져 주며 마음을 전했다. 뱃속에서도 알았다는 듯 더 힘차게 움직였다. 그 느낌이 나와 아기의 연결 고리가 되어 아이에게 표현하는 횟수가 늘어 갔다.

일을 너무 무리하게 해서 배가 딱딱하게 굳으면 "엄마가 일을 많이 해서 우리 아기가 불편했구나? 미안해, 아가야." 하고 누워서 배를 만져 주었다. 그러면 뭉쳤던 배가 언제 그랬냐는 듯 편안해졌다. 또 병원 진찰을 받으러 가서 정상적으로 잘 크고 있다고 하면 "일하느라 바쁜 엄마 배 속에서도 건강하게 잘 커 줘서 고마워, 아가야." 하며 배를 만져 주었다. 그렇게 하루하루 뱃속에서 잘 크고 태동도 잘하는 아이 덕분에 몸도 마음도 편안해져 자연스럽게 배를 만지며 "우리 아가 잘 크고 있구나. 사랑해!"라고 자연스레 표현할 수 있었다.

열 달 후 수술해서 아이를 낳고 힘들 때는 미운 마음도 들었는데 처음 얼굴을 마주하자 "건강하게 잘 태어나 줘서 고마워, 아가야." 하는 말이 거리낌 없이 나왔다. 상대방이 앞에 있어도 쑥스러워 못하던 말인데 뱃속의 아기가 미리 엄마 연습을 할 수 있게 해준 것 같았다. 덕분에 두 아이를 키우면서 먼저 '사랑한다', '미안하다', '고마워' 같은 말을 자주 하며 키울 수 있었다.

한번은 이런 일이 있었다.

학기를 시작하고 얼마 지나지 않아 교실에서 두 아이가 갑자기 다투기 시작했다. 양쪽 아이 이야기를 다 들어 준 후 서로 안아 주며 '미안해' 하고 사과하라고 했다. 그런데 한 아이는 '미안해' 하는데 나머지 한 아이가 입을 다문 채 그냥 서 있었다. 먼저 한 아이는 "나는 미안하다고 했는데 쟤는 안 해요." 하면서 친구의 사과 말을 기다렸다. 아이 말에 웃음이 났다.

"친구는 미안하다고 했는데, 우리 재준이는 왜 안 할까? 하기 싫으니?" 하고 물었다. 한참을 기다려도 재준이는 아무 말없이 서 있기만 했다. 사과하고 싶은 생각이 없어서 안 하는 줄 알았다. 그런데 재준이 엄마와 전화 통화를 하고 나서 비로소 재준이를 이해할 수 있었다. 엄마는 미안하다는 말을 사용하지도 않고 특별히 가르치지도 않았다고 했다. 가정에서 사용하지 않았던 말을 많은 아이들 앞에서 갑자기 하기가 망설여진 것이다.

다 큰 어른도 안 쓰던 말을 하려면 쑥스럽고 당황스러워 표현을 못할 때가 많다. 아이도 마찬가지다. 가정에서 부모에게 들어 보지 못하고 써 보지 않으면 처음에는 낯설어하고 받아들이는 게 쉽지 않다. 어릴 때부터 '미안해', '고마워'라는 말을 가르쳐 주는 사람이 없이 자란 부모가 자식을 키우면서 그 필요성을 깨달았지만 정작 말하는 것은 힘들어하는 부모도 많이 봤다. 가정에서 쓰지 않고 습관이 되지 않아 아이에게 표현하지 못하고 가르치지 않아 학부모와 동료에게서 오해를 받는 교사도 있었다.

'고마워요, 미안해요, 사랑해요, 용서해요'라는 말은 아이를 위해서만 해야 하는 말은 아니다. 먼저 부모 자신에게 좋은 말이다. 좋은 말을 하다 보면 즐겁고 행복한 일이 생길 뿐 아니라 좋은 인간관계를 형성하며 살아가게 된다.

평소 아이들이 사용하는 언어가 얼마나 중요한지 이시형 박사의 글을 보자.

•• 좋은 말, 고운 말을 쓰면 아이 마음이 차분해지고 아름다워진다. 거친 말을 쓰는 아이들은 마음도 거칠어진다. 최첨단 뇌 과학 기기로 분명히 밝혀진 사실이다. 욕을 한다거나 '죽인다', '때린다' 같은 거친 말을 쓰는 순간 공격 중추인 편도체가 즉각 흥분해 뇌가 공격모드로 바뀐다. 뿐만 아니라 공격 호르몬 노르아드레날린이 분비된다는 사실도 밝혀졌다. 공격적이고 충동적인 아이들의 말씨는 거칠고 험하다. 그리고 거친 말씨가 더욱 이런 아이를 공격적으로 만드는 악순환이 되풀이된다. 아이들은 화가 나거나 짜증이 나면 입이 험해지기 쉽다. ••

출처 : 이시형(2013). 『아이의 자기조절력』

## 아이에게 힘을 주는 말

**\*\*\***

말은 전염성이 있다. 좋은 말을 하는 사람 옆에 있으면 자신도 좋은 사람이 된 것 같아 좋은 말을 하게 된다. 하지만 나쁜 말이나 거친 말을 쓰는 사람 옆에 있으면 기분도 나빠져서 공격적인 말투가 나간다. 또 용기를 주는 말을 들으면 힘이 나고 어떤 일도 해낼 수 있다는 자신감이 생긴다. 하지만 부정적인 말을 들으면 사기가 꺾이고 할 수 있다고 믿었던 일도 잘되지 않는다. 우리 마음은 믿는 대로 이루어지기 때문에 말의 힘이 중요한 것이다.

첫째 딸 돌 때 돌상을 차리러 온 친정 엄마의 안색이 좋아 보이지 않아 건강검진을 했더니 말기 암이라고 했다. 돌잔치를 어떻게 했는지 모르게 지나갔고 엄마는 병원에 입원했다. 그 후 짧은 기간 투병하다가 엄마는 돌아가셨다. 엄마에 대한 애착이 많은 막내여서인지 하늘이 무너질 만큼 힘들었다. 평생을 자식만 키우며 고생한 엄마에게 연민이 느껴져 더 슬펐던 것 같다. 돌아가시기 전에 울면서 임종을 지켜보는 나에게 엄마는 마지막으로 이런 말씀을 해주셨다.

"막내야 울지 마라. 엄마가 지금 눈을 감아도 네 걱정은 안 해도 될 것 같구나. 우리 막내는 인복도 있고 늘 열심히 살아서 엄마 없이도 잘 살 수 있을 거야. 그러니 엄마가 죽고 없어도 슬퍼하지 마라."

진짜로 나는 그런 사람인 줄 알았다. 힘들 때마다 엄마가 해 준 말이 진짜인 듯 위로가 되고 힘이 되어 좌절하지 않고 일어나게 했다.

사람과 관계가 힘들어지면 '엄마가 인복이 있다고 했는데 나에게 문제가 있나? 뭘 잘못하고 있지?' 하고 자신을 되돌아보며 관계 회복을 위해 노력했다. 그러면 정말 거짓말같이 해결되고 오히려 전보다 관계가 더 좋아졌다.

어린이집을 인수하고 경제적으로 힘들 때도 그랬다. 잘 살 거라는 말로 믿음을 준 엄마 말이 뇌리에 박혀 '나를 믿고 도움을 준 사람들에게 실망을 줘서는 안 된다.'는 강한 의지로 이겨 냈다. 돌이켜 보면 믿어 주고 좋은 말을 해주는 사람이 엄마여서 더 큰 힘을 낼 수 있었지 않았나 싶다.

나는 학창 시절에 가정이 넉넉한 편은 아니었지만 창피하다거나 힘들다고 느낀 적은 없었다. 돌아가신 엄마가 늘 밝고 긍정적인 분위기로 가정을 돌본 덕분이다. 말씀이 적은 분이었지만, 엄마는 격려를 잘해 주었다. 어린 내가 심부름을 하면 "이런 것도 잘하는 것을 보면 학교 가서 공부도 잘하겠구먼."이라고 해 주셨고, 초등학교 시절 받아쓰기에서 첫 백 점을 받아 왔을 때면 엄마는 찐빵을 쪄 주며 축하해 주고 친척이나 동네 사람들에게까지 자랑하며 대견스러워했다.

어린 시절 어른들의 칭찬은 대단한 것을 해냈다는 뿌듯함을 느끼게 해주었고, 더 열심히 하려는 의지를 갖게 했다. 어쩌다가 어른들이 농사일로 바쁘면 설거지를 대신 해 놓기도 했다. 그러면 엄마는 "엄마보다 설거지를 더 깨끗이 해 놔서 부엌이 번쩍거리네." 하고 기뻐해 줘서 또 하고 싶다는 의욕을 갖게 만들었다. 엄마의 칭찬과 격려는 어린 나를 춤추게 했고 열정을 갖게 했다.

이웃 동네에 사는 할머니가 가끔 오셨다. 마루에 앉아 흰머리를 뽑아 드리면 엄마는 "할머니가 좋아하는 일을 했네." 하며 작은 일 하나에도 관심을 보여 주셨다. 또 시킨 일이 힘들어 짜증을 내면 "엄마가 공부를 많이 못해서 똑똑한 막내 시킨 건데 어떡하지, 할 사람이 없는데?"라고 해서 내가 굉장히 똑똑한 줄 알고 신나서 한 적이 있다. 엄마의 긍정적인 말과 행동은 평범한 우리 가족을 우애가 있고, 행복하게 만드는 원동력이었음을 자식을 키우며 알게 됐다.

어린이집을 운영 할 때 힘든 일이 참 많았다. 돈 때문에 힘들고, 사람 때문에 좌절해서 주저앉고 싶을 때가 많았다. 그때마다 늘 자신과 싸워 다시 일어설 수 있었던 것은 어릴 적 엄마에게 들어왔던 말들이 나를 지탱해 주었기 때문이 아닌가 싶다. 원장이 되고 2년째 되던 1997년 말 모두의 기억 속에 자리 잡고 있는 국제통화기금IMF의 구제 금융을 받게 되는 국가 비상사태가 발생했다. 기업이 문을 닫고 금융기관이 합병하면서 나라 경제가 어려워졌다.

내가 운영하는 교육기관도 힘들어졌다. 부모의 실직으로 교육비를 안 내고 다니던 아이들은 어느 날 말없이 이사를 가고, 원아들도 많이 그만두는 상황이었다. 주변에 아이들이 많이 그만둔 곳은 문을 닫기 시작했다. '우리도 다른 곳처럼 문을 닫아야 하나?' 하고 고민이 되었다. 그러다가 '딸도 있고 아들도 있는데 여기서 쓰러지면 안 되지.'하며 마음을 다잡았다.

　힘들 때마다 자식을 보며 힘을 냈던 엄마에 대한 기억으로 좌절하지 않고 매일 늦은 밤까지 일하고 휴일에도 쉬지 않고 일을 했다. 덕분에 위기를 기회 삼아 몇 년 후에는 더 좋은 환경을 갖춘 어린이집을 마련하여 이사할 수 있었다. 좋은 교육과 쾌적한 환경을 갖춘 유아교육기관을 운영하는 행운을 얻은 것이다. 이렇게 힘든 일을 겪을 때마다 포기하지 않고 다시 일어설 수 있었던 것은 어린 시절부터 보아왔던 엄마의 긍정적인 모습과 할 수 있다는 칭찬과 격려의 말 덕분이었다.

# 3

✦
✦

# 올바른
# 가정 문화


    결혼 후 아이 둘을 낳고도 오랫동안 직장을 다니다 그만둔 후배가 있다. 하루는 커피를 마시며 자식 이야기를 하는데, 그 후배가 갑자기 자식 키우는 게 이렇게 힘들 줄 몰랐다며 푸념을 했다. 그 후배는 그동안 바쁘게 살았지만 다른 건 몰라도 자식만큼은 부족함 없이 키웠다고 했다. 넉넉하게 키우면 여유 있고 배려할 줄 아는 아이로 자랄 줄 알았는데 그렇지 않다며 속상해했다.

    직장을 그만두고 집에서 두 아이를 지켜보니 아기 때 배운 나쁜 습관을 아직 고치지 못하고 그대로 가지고 있다는 것이다. 가르치지 않아도 크면 스스로 고쳐 나갈 줄 알았는데 그렇지 않다며 알면서 고쳐주지 못한 것이 후회스럽다고 했다. 또 여전히 급하고 자기중심적인 아이들 모습 때문에 매일매일이 당황스럽다고 했다. 직장을 그만두고 나면 편하게 보낼 줄 알았는데 하루하루 아이들과 싸우느라 힘들고, 어릴 때 제대로 가르치지 않고 키운 자책감에 하루도 편할 날이 없다고 했다.

어린이집을 운영하다 보니 부모가 애지중지 키우는 아이, 가정에서 과잉보호하는 아이, 조부모가 모든 것을 오냐오냐 하며 키우는 아이, 맞벌이하느라 제대로 돌보지 않은 아이들에게는 공통점이 있었다. 올바른 생활 습관을 자리잡아 주는 게 힘들다는 것이다. 부모가 먼저 모범을 보이며 자연스럽게 몸에 익힐 수 있는 여유로운 환경을 만들어 주지 못하기 때문이다. 또한 같이 있어 주지 못한다는 미안함 때문에 떼를 쓰며 요구하면 다 받아 주다 보니 좋은 습관보다 나쁜 습관이 먼저 자리를 잡게 된다.

어린이집에 입학해서 담임선생님에게 나쁜 습관을 고쳐 달라는 부모들이 있다. 하지만 그것은 임시방편은 될 수 있어도 바른 습관으로 자리 잡지는 못한다. 어린이집에서 바른 습관을 길들이기 위해 교육을 한다 해도 가정에서 실천하지 않으면 편식 교육이 되기 때문이다.

요즘은 똑똑하고 많이 배워 잘 가르치는 부모도 많지만 많은 엄마들이 바쁘고, 육아에 대한 교육을 받은 적이 없어 올바른 육아법을 모른 채 아이를 키우는 부모도 적지 않다. 어떤 부모들은 아이 나이에 맞는 올바른 육아법을 몰라 시기를 놓치기도 한다. 또 어리다며 당장은 육아법이 중요하지 않다고 그냥 지나치는 부모도 있다.

하지만 어려서부터 올바른 예의와 습관을 배우지 않으면 커서는 점점 더 고치기가 어렵다. 때를 놓치지 말고 가르쳐야 하는 것이다. 또한 아이들은 부모의 사소한 행동 하나하나를 보고 배운다. 부모에게 배우는 모든 행동은 가정의 문화가 된다. 남을 위해 봉사활동을 많이 하는 가정의 아이들은 자연스럽게 봉사를 몸에 익힌다. 부모가 책을 많이 읽으면 아이들은 자연스럽게 독서 습관을 가진다. 부모가 음악을 좋아하면 아이도 음악을 좋아하게 되고, 부모가 등산을 좋아하면 아이도 산을 좋아하게 된다. 가정 문화는 이렇게 아이 인생에 커다란 영향을 미친다.


## 아이는 부모의 행동을 보고 배운다
***

아이는 태어나면서부터 가정이라는 울타리 안에서 자라게 된다. 그 안에서 세상과 만나기 전까지 부모에게 기본적인 말과 행동을 배운다. 그래서 부모에게서 잘 배운 아이는 주변에서 칭찬을 듣고, 잘못된 행동을 배우면 비난과 따돌림을 당한다. 어릴 때는 부모가 아이의 세상 전부이기에 부모의 모든 행동을 따라하기 때문이다.

6세 교실에서 있었던 일이다. 그동안 결석한 적이 없는데 여섯 살 유리가 연락도 없이 등원을 안 했다. 담임선생님이 궁금해서 전화를 걸었다. 집에 일이 있어서 못 왔겠지 생각했는데 담임선생님이 안 좋은 표정으로 전화를 끊었다.

"유리가 무슨 일이에요? 결석을 다 하고."

"유리 엄마가 화가 나 있네요. 오늘부터 유리를 안 보낸다고 퇴소 처리해 달라는데요?"

"네? 무슨 일로요?"

"저도 모르겠어요."

"어제 선생님 반에서 아무 일 없었어요?"

"아뇨. 별일 없었고, 잘 보내고 갔어요."

"그런데 왜 잘 다니던 아이가 그만둔다고 해요?"

영문도 모르는 담임선생님은 유리 엄마와 통화한 후 어찌할 바를 모르고 있었다. 담임선생님을 교실로 올려 보낸 후 유리 엄마에게 전화해서 무슨 일인지 설명해 달라고 요청했다. 가끔 서운한 감정을 표현하지 못하는 엄마들이 아이를 무작정 다른 곳으로 보내는 일이 있기 때문이었다. 이유가 없다던 유리 엄마는 한참이 지난 후 참았던 목소리로 이야기를 했다.

"어제 유리가 집에 와서 밥을 먹는데 뭐라고 한 줄 아세요? 어린이집에서 옆 짝꿍 성호가 다리랑 엉덩이를 만졌다는 거예요. 그 소리를 듣고 밥을 먹다가 너무 기가 막히고 화가 나서 당장 쫓아가려고 했어요. 그런데 이야기해 봤자 우리 아이에게 좋을 게 없다 싶어서 참았어요. 원장님 같으면 그런 이야기를 듣고 애를 보내고 싶겠어요? 우리 아이에게 그런 행동을 하는데 선생님은 뭐했느냐고요. 더 화가 나는 건 무슨 일이 있었는지 담임선생님이 모르고 있다는 거예요."

유리 엄마는 화를 내다 못해 악을 쓰듯이 목청을 높였다. 할 말을 다한 유리 엄마는 어떤 말도 들으려 하지 않고 퇴소 처리해 달라는 말을 남기고 전화를 끊었다. 그 후 전화를 받지 않았고 유리도 어린이집에 보내지 않았다.

그런 일에 부모가 놀라고 화내는 것은 당연하다. 하지만 아이를 키우는 엄마라면 꼭 알아 두어야 할 게 있다. 아이들 성장 단계에서 여섯 살은 세상에 대한 호기심이 많은 나이다. 자아 개념이 발달해서 세상을 알고 싶어 하고 궁금함이 많아지는 나이지 성적 호기심을 느끼는 나이가 아니다. 또 호기심을 참을 만큼 아직 이성이 발달하지 않아 행동이 먼저 나간다.

따라서 그런 문제가 생기면 놀라지 말고 아이들이 커 가면서 생기는 호기심 때문에 일어난 일이라 생각하고 대처해야 한다. 또한 그런 일을 겪고 와서 부모에게 이야기하는 아이를 다그치거나 상황을 크게 몰고 가면 아이는 당황해서 수치스럽게 생각하고 상처를 받을 수 있다. 부모가 상황을 잘 파악해서 이해시키고 상대 아이가 다시는 짓궂은 행동을 못하도록 '만지지 마', '싫어' 같은 말을 하도록 알려 줘야 한다.

그래도 같은 행동을 반복하면 그때는 부모와 교사에게 알리라고 가르쳐야 한다. 처음에는 호기심으로 하던 남자아이도 '내 행동을 상대가 싫어하는구나!', '내 행동이 잘못됐구나!' 하는 것을 느끼면 하던 행동을 멈춘다. 하지만 호기심을 가지고 행동한 아이의 감정을 어른이 무시하고 혼을 내면 아이는 죄책감을 느끼며 혼란스러워한다.

유리 짝꿍인 성호는 개구쟁이지만 마음이 여려서 울기도 잘 한다. 체구도 작은데, 평소 여자아이들에게 관심을 보이지 않고 남자아이들하고만 어울리는 것을 좋아한다. 그런 아이가 짝꿍에게 호기심을 느껴 행동을 할 것이라고는 상상도 못했다. 가정에서도 늦둥이라 사랑을 많이 받고 자라서 늘 밝고 명랑하다.

뜻밖에 일어난 성호의 행동이 당황스러워 담임선생님을 상담실로 데리고 와서 물었다. 그러자 유리의 스타킹에 달린 예쁜 리본이 궁금해서 만졌다고 한다. 어제 등원했을 때도 유리가 신은 스타킹을 보고 여자아이들도 예쁘다고 부러워했던 게 기억이 났다. 예상대로 큰일은 아니었지만 누군가에게 상처가 될 수 있는 행동이라 여겨 성호 엄마와 통화를 해서 상담을 요청했다.

다음 날 성호 엄마는 고개를 숙인 채 찾아왔다. 성호가 문제를 일으켜서 죄송하고 그만둔 아이와 부모에게 미안하다며 사과를 했다. 그러더니 엄마 자신과 남편 탓이라며 창피하고 당황스럽다고 했다. 성호 아빠가 퇴근해서 집에 오면 옷을 안 입고 생활한다는 것이었다. 아빠가 엄마에게 하는 스킨십을 자연스럽게 보고, 아빠의 행동이 성호의 무의식 속에서 자리 잡게 된 것이었다. 아빠와 생활하며 자란 성호는 예쁜 스타킹과 리본에 호기심을 느껴서 아빠처럼 행동

해도 된다고 자연스럽게 여긴 것이다.

유아기는 부모의 모습을 보며 어떤 행동이든 배우고 따라 하는 시기다. 어린이집에서 볼 수 있는 아이들의 행동 대부분은 부모의 행동을 보고 배운 것이다. 어린이집에서 보내는 시간이 많은 요즘은 교사의 행동을 보고 배우기도 한다. 평소 하지 않던 낯선 행동을 하면 어린이집으로 전화하는 부모도 있다. 그만큼 가르치는 교사와 양육자의 언행이 아이들에게 미치는 영향이 크다는 걸 알 수 있다.

또 아이를 어리게만 생각하고 자신의 행동을 보고 배울 수 있다는 생각을 못하는 부모도 많다. 유아기에는 무엇이든 스펀지처럼 흡수하는 시기라는 것을 아이 키우는 부모라면 알아야 한다. 부모의 말과 행동은 곧 그 가정의 문화다. 부모와 생활하며 배운 행동이 바깥 세상과 만났을 때 상식을 벗어나면 아이도 상대방도 당황한다. 아이가 세상과 올바른 방식으로 소통할 수 있도록 올바른 가정 문화를 가르치는 것도 부모가 해야 할 역할이다.


## 부모와 함께한 경험은 무엇보다 소중하다
***

월요일 아침에 어린이집 교실은 아이들 떠드는 소리로 여느 때보다 시끄럽다. 등원한 아이들이 부모와 휴일을 지내고 온 이야기보따리를 풀기 때문이다. 웃음꽃이 피어 말하는 표정에서 신이 나고 의욕이 넘쳐 보여 저절로 귀가 기울여진다. 온 가족이 함께 목욕탕에 갔다 온 이야기, 산에 가서 맛있는 음식을 먹고 온 이야기, 친척 집에 가서 용돈도 받고 놀다 온 이야기, 놀이동산 가서 놀이기구를 타며 즐거웠던 이야기, 집에서 아빠와 함께 보낸 이야기를 하느라 아이들은 참새처럼 재잘거린다.

평일에는 술에 취해 들어온 아빠 모습을 흉내 내기도 하고, 부모가 부부 싸움한 이야기를 친구들에게 들려주는 등 주로 일상적인 이야기를 많이 한다. 하지만 주말을 지내고 온 월요일에는 목소리 크기도 다르고 내용도 다르다. 주말을 어떻게 보냈는지 발표하는 시간이 되면 부모와 함께 보낸 시간을 자랑하고 싶어 선생님과 친구들에게 마음껏 펼쳐 놓는다. 상기된 얼굴로 부모와 보낸 시간을 기억하며 행복한 얼굴로 발표하는 아이들을 보면 듣고 있는 교사의 마음까지 즐겁다.

어린 연령의 아이들도 마찬가지다. 친구가 발표하는 주말 이야기에 교사와 친구들이 재미있다는 반응을 보이면 다음 아이들은 다 똑같이 발표한다. 가령 한 아이가 주말에 엄마, 아빠랑 찜질방에 가서 계란도 먹고 아이스크림도 먹으며 즐겁게 지내다 왔다고 발표해서 친구들이 부러워하고 교사가 맞장구를 쳐 주면 다음 아이도 똑같이 찜질방에 갔다 왔다고 이야기한다.

언어 구사력이 완전하지 않아 친구를 따라 하는 아이도 있지만 부러운 마음에 똑같이 말하는 경우도 있다. 진짜 갔다 왔는지 모른다는 생각에 오후에 엄마와 전화 통화를 해 보면 간 적이 없다고 해서 또 한 번 웃는다. 이렇게 발표하는 시간이 지날수록 아이들의 표정과 행동 그리고 언어발달이 몰라보게 좋아진다.

부모님과 함께 보고, 느끼며, 행동하는 다양한 경험은 아이 성장에 필요한 영양분 같은 것이다. 그러한 경험을 통해 또래 관계나 적응력이 좋아지고 신체적, 정신적으로 밝고 건강하게 자라도록 돕는다. 어린이집에서도 야외활동과 견학을 자주 간다. 많은 것을 경험하고 느끼도록 하기 위해서다. 전체 아이들이 함께 나가서 보고 느끼는 수업은 발달 과정에서 중요한 역할을 한다.

하지만 부모님의 사랑을 느끼며 보내는 시간과는 비교가 되지 않는다. 부모는 아이가 자랄 때만큼은 아이 중심이 되어 시간을 많이 보내야 한다. 어린이집 견학이 아이들에게 교육적인 지식을 심어 준다면 부모와 함께한 경험은 아이의 정신적 · 신체적 성장을 돕기 때문이다.

다섯 살에 입학한 정민이는 내성적인 남자아이였다. 또래보다도 수줍음이 많고 소심한 아이였다. 엄마 말로는 맞벌이라서 바쁘게 사느라 아이와 많은 시간을 보내지 못했고, 친가와 외가에서 번갈아 양육을 해 왔다고 했다. 정민이 때문에 고민이 많던 엄마는 둘째를 임신하면서 일을 그만두었다며 소심한 정민이를 잘 부탁한다고 했다. 아이와 시간을 많이 보내려고 노력하는 모습이 느껴졌다. 정민이는 입학하고 나서 처음에는 작은 소리로 발표하고 주로 혼자 하는 놀이만 좋아해서 또래들과 어울리게 하려면 교사가 개입해야만 했다.

그러나 엄마와 함께 있는 시간이 늘고 아빠와 많은 경험을 하면서 언어발달이 눈에 띄게 나아지고 자신감이 생기는 게 보였다. 오랫동안 아이들을 가르치면서 필자는 느꼈다. 부모와 보낸 즐겁고 행복했던 시간은 성장한 후에도 기억에 남아 아이의 삶을 따뜻하게 해주고 풍성하게 해준다는 것을 말이다.


## 남을 돕는 가정 문화를 가꿔라
***

두 아이가 어릴 때 자기 일도 스스로 하지 못하고 나태하게 생활한다고 느낄 때면 단호하게 해 주던 말이 있다. "정신과 육체가 건강한 사람이 자기 일도 못하며 산다면 그렇지 않은 사람들은 어떻게 살아갈 수 있겠니? 엄마는 몸과 마음이 건강한 사람은 자신뿐만 아니라 남을 도울 줄 알아야 한다고 생각해. 육체적인 도움이든 금전적인 도움이든 건강한 사람이 베풀고 도울 줄 아는 사회가 되어야 행복한 세상이란다. 엄마도 크게는 아니어도 어려운 사람들에게 늘 도움을 주며 살려고 노력하고 있단다. 또 각자에게는 열심히 살아야 하는 이유가 있겠지만 어려운 사람들을 돕고 살려면 능력이 있어야 해. 그렇지 않으면 마음은 있어도 행동으로 실천할 수가 없단다. 그러니까 어려운 사람을 돕지는 못해도 자신 인생이라도 떳떳

하게 살아갈 수 있도록 늘 노력해야 한단다."라는 말을 자주 했다.

작은애가 다섯 살이 되던 해에 처음으로 전철을 함께 탔다. 자리가 없어 아이 손을 잡고 서 있었다. 아이는 뭐가 그리 신기한지 힘들다는 말 한마디 않고 주변을 두리번거렸다. 한참 후 몇 개의 역을 지났을 때 자리가 났다. 그 순간 아이는 누가 시키기라도 한 듯 달려가서 앉더니 "우리 엄마 자리다! 엄마 여기 앉아." 하며 손짓을 했다.

깜짝 놀란 주변 사람들이 효자 아들을 뒀다며 아이의 행동을 보고 귀엽다는 듯 웃었다. 민망한 표정으로 아이와 앉았는데 아이는 언제 그랬느냐는 듯 주변을 보며 질문을 했다. 이것저것 답해 주고 있는데 하반신이 없는 지체장애인이 도와달라며 나무 바퀴가 있는 기구에 몸을 엎드린 채 한 손으로 바구니를 들고, 다른 한 손으로는 바퀴를 밀며 우리 칸으로 오고 있었다.

아이는 처음 보는 광경에 놀랐는지 내 얼굴만 쳐다보고 있었다. 나는 고등학교 때부터 혼자 전철역이나 길을 갈 때 지체장애인들을 보면 작은 금액이라도 도움을 주곤 했다. 낯설지 않은 상황이라 말 없이 가방에서 돈을 꺼내 아이에게 주며 바구니에 넣으라고 했다. 낯설어하면서도 도와주고 싶은 마음이 있는지 아이도 조심스럽게 바구니에 돈을 넣고 자리로 돌아왔다. 전철에서 내린 후 아이는 전철에서 보았던 광경에 대해 물었다.

"엄마, 아까 그 아저씨는 왜 다리가 없어? 힘들겠다."

"그래. 많이 힘들겠지? 큰 사고가 나서 그럴 수도 있고, 태어날 때부터 그런 사람도 있어. 근데 우리 아들은 팔도 있고 다리도 있어서 힘들지 않지?"

"응."

"그래서 우리 아들같이 신체가 건강한 사람은 아까 그 아저씨같이 불편하고 어려운 분들을 도와주며 살아야 해. 우리 아들도 그렇게 살 거지?"

"응, 엄마."

어떤 뜻인지 아는 것처럼 씩씩하게 대답해서 웃음이 났다. 그런 일을 겪고 나서부터 아들은 역전이나 전철에서 도움을 요청하는 사람들을 그냥 지나치지 않았고, 커서는 학교를 갔다 오는 도중에 할머니가 채소를 팔고 있으면 주머니에 있는 용돈을 털어서라도 할머니가 힘들어 보여 사 왔다며 내보이는 날이 많았다.

또 한번은 안 좋은 일이 겹쳐 어린이집 운영을 힘들어 할 때였다. 몸과 마음이 지쳐서 아무 의욕이 없었다. 그때 내 삶에 가장 큰 힘을 주고 지혜를 주신 엄마 생각이 나서 주말에 혼자 부모님 산소에 가려고 시골로 출발했다. 엄마가 있는 산소라도 갔다 오면 위로가 될까 싶어서였다. 운전하고 가는데 비까지 내리니 그동안 힘들고 우울한 마음이 눈물이 되어 흘러내렸다.

마음을 추스르려고 서해안 고속도로에서 휴게소로 들어갔다. 주차를 하고 커피 한잔을 사려고 가게 쪽으로 걸어가는데 노랫소리가 들렸다. 늘 보이는 휴게소 풍경이려니 하고 생각에 잠긴 채 걷다가 고개를 드는 순간 깜짝 놀랐다. 불우 이웃 돕기 성금을 모으기 위해 오는 비를 그대로 맞으며 가수 두 분이 기타를 치며 노래를 부르고 있었다. 휴게소에 머무는 사람들이 주머니와 지갑에서 돈을 꺼내 모금함에 넣고 지나가는 모습도 보였다.

그 순간 불쌍한 사람들을 돕기 위해 비까지 맞으며 자기 시간을 내어 모금하는 분들도 있는데, 나는 내 일 하나도 해결하지 못하고 눈물이나 흘리고 있다고 생각하니 내 자신이 한없이 작아 보이면서 부끄러워졌다. 얼른 지갑을 열어 있는 돈을 다 모금함에 넣고 산소로 가지 않고 집으로 왔다.

그 후로 힘든 일로 나약해지는 자신이 느껴지면 어려운 사람들을 위해 노래하던 두 가수를 떠올리며 스스로를 채찍질하며 이겨 냈다. 또한 어려운 사람들에게 작은 도움을 주며 살아가려고 노력했다. 근육병 환자, 독거노인, 가정폭력으로 갈 곳이 없는 사람들의 쉼터인 나눔의 집을 돕게 된 것도 그날의 일이 큰 계기가 되었다.

외국의 부자들은 국민들 덕분에 돈을 벌었다는 마음에 감사함을 느껴 겸손하게 산다고 한다. 부를 사회로 환원하기 위한 기부 문화가 뿌리내린 것도 그런 마음이 있어서 가능했을 것이다. 우리나라에서도 보이지 않는 기부천사나 어려운 사람들을 돕는 봉사자들이 해마다 늘고 있다고 한다. 가슴이 따뜻해지고 좋은 사람들이 늘고 있다는 생각이 든다. 아이 키우는 부모가 어려운 사람들을 도와주며 사는 모습을 보여 준다면 세상은 더 멋지고 따뜻해질 것이다.

## 진정한 유산은 열심히 사는 모습을 남기는 것

***

두 아이를 키울 때 엄마 역할에 자신이 없어지면 자식을 다 키운 주변 분들에게 조언도 받고 좋은 이야기는 귀 기울여 들었다. 그분들 말에는 공통점이 있었다. 잘 키우려고 했던 올바른 말은 잔소리로 들었는데, 생활에서 부모 행동은 가르치지 않아도 판박이처럼 그대로 다 배웠더라는 것이다.

또 넉넉한 경제력으로 뒷받침해 주면 잘 자랄 줄 알았는데 사랑과 관심으로 키울 때 아이가 더 많이 성장했다는 것을 다 큰 자식 모습에서 지난날 자신의 모습이 느껴지면서 알게 됐다고 한다. 그래서 자식만큼은 부모 뜻대로 안 된다는 말을 실감했고 자식이 성장할 때 좋은 본보기가 되도록 노력했어야 하는데 그렇지 못한데 대한 아쉬움이 많이 남는다고 했다. 결국 부모의 삶 자체가 자식 인생을 좌우한다고 해도 틀린 말이 아니라는 뜻이었다. 그런 말을 들으면 '아이는 어릴 때부터 부모 역할이 정말 중요하구나.'라는 생각이 들었고, 그로 인해 고민도 하게 되었다.

그러던 어느 해부터인가 두 아이 생일날에 케이크 불을 끄고 나서 질문을 했다. 처음에는 "우리 딸 생일이 돼서 나이를 한 살 더 먹었는데, 나이를 먹는다는 건 어떤 뜻일까?"라고 질문했고, 다음에는 "아들아, 올해도 또 한 살을 먹었는데 무슨 일을 스스로 할 수 있게 노력해야 할까?" 하고 질문했다. 처음 질문을 받은 아이들은 눈망울만 깜

빡이며 엄마 얼굴을 쳐다봤다.

"엄마는 나이 한 살을 더 먹는다는 것은 스스로 할 수 있는 일을 한 가지씩 늘려 가는 거라고 생각해."

"왜요, 엄마?"

"어른이 되면 스스로 세상을 헤쳐 나갈 수 있는 능력과 책임을 져야 되는 일이 아주 많거든. 아무리 힘들어도 혼자서 판단하고 가족을 책임져야 할 일이 많은데 그때 가서 한꺼번에 배우려고 하면 힘들까, 안 힘들까? 힘들겠지? 그래서 어릴 때부터 나이를 한 살씩 먹을 때마다 스스로 할 일을 한 가지씩 배우라고 하는 거야. 엄마도 한 살씩 먹을 때마다 잘 배웠기 때문에 지금 너희를 키우면서 많은 일을 할 수 있단다. 너희도 한 살씩 먹을 때마다 나이에 맞게 한가지씩 잘 배워서 남에게 의지하지 않고 스스로 책임지는 어른으로 성장하길 바라는 마음으로 엄마가 이야기해 주는 거야."

성인이 되고 사회생활을 하면서 나는 늘 바쁘게 살았다. 결혼을 해서도 맞벌이하느라 바빴고, 두 아이를 낳고 키우느라고 바빴다. 일에 대한 책임감도 강했고, 아이를 키우며 경제적으로 부족한 부모가 되고 싶지 않다는 목표가 있어서 열심히 일했다. 동창회나 모임도 거의 참석하지 않았다. 급하고 소중한 일이 아니면 어린이집과 가정생활만 하기에도 하루가 어떻게 지나가는지 모를 만큼 빠듯했다.

그런 내 모습을 보며 친구들은 욕심이 많아서 바쁘게 산다며 일 좀 줄이고 얼굴 좀 보여 달라고 했다. 모임도 나가면서 여유 있게 살 수 있으면 나도 그렇게 하고 싶었다. 하지만 당장 눈앞에 쌓인 일을 해결하다 보면 시간이 나지 않았다. 매일매일이 해결하고 처리해야 하는 일들의 연속이었다. 어린이집에서는 원장 역할 하느라 바쁘고, 집에서는 아내, 며느리, 엄마 역할을 하느라 시간이 없었다.

맡은 일과 역할만 하는데도 시간이 빠듯했다. '다들 이렇게 바쁘게 사나?' 하는 생각이 들 정도로 동분서주했다. 유아들을 돌보고 가르치는 어린이집 업무는 복잡하고 일이 많다. 교사들, 학부모, 아이들을 이끌어 줘야 하고, 기관 안팎을 살펴야 하고, 급식이며 간식을 꼼꼼히 챙겨야 한다. 교육기관이 되려면 어린이집 환경은 물론 주변까지 신경 써야 하고 훌륭한 프로그램으로 뒷받침해 줘야 한다.

또 가정일과 아이 키우는 일은 어떤 일보다도 많은 역할을 소화해 내야 한다. 어릴 때는 어린 대로 챙겨 주며 보살펴야 한다. 하루만 잠을 못 자도 감기에 걸려 병원에 다녀야 했다. 아이가 엄마와 떨어지기 싫다며 출근도 못하게 발목을 잡으면 하루 종일 일이 손에 안 잡혔다. 또 커서는 큰 대로 밀어 주고 끌어 주어야 무리 없이 잘 크고 있는 게 느껴졌다. 이렇게 가정일과 어린이집에 열중하다 보면 하루가 짧았다.

가끔 바쁜 틈을 벗어나고 싶어 여유를 부린다 싶으면 문제가 생겼다. 그럴 때마다 '아이들이 크고 어린이집 일을 하는 동안에는 다른 일은 엄두도 못 내겠구나.' 하며 생각을 접었다. 가끔은 '왜 이렇게 바쁘게 살아야 할까?', '지금 잘 살고 있는 걸까?' 하고 고민한 적도 있었다. 그럴 때면 몸과 마음이 하나가 되어 내 뜻대로 살 수 있는 시간이 생각보다 많지 않다는 것을 주변에서 알게 해줬다.

인생 선배들 말에 따르면, 20대 때는 세상일에 서툴러서 몸 따로 마음 따로여서 열심히 살아도 힘들고, 50대부터는 열심히 일하고 싶다는 마음은 있어도 몸이 안 따라 줘서 바쁘게 사는 게 쉽지 않다고 한다. 그래서 몸과 마음이 하나일 수 있을 때, 그러니까 30대부터 50세 전후까지 열심히 살아야 당당한 인생을 살 수 있다는 것이다.

나의 현실도 그랬고 공감이 가는 이야기라 바쁜 생활을 이겨 내며 아이들을 열심히 키웠다. 바쁘게 보낸 지난 세월 덕분인지 지금은 원하는 삶을 살고 있는 것 같아 감사하다. 아이들도 남들처럼 많은 시간을 함께해 주지 못했지만 정신적, 육체적으로 건강하게 성장했다. 바쁜 시간 속에서도 두 아이 말에는 귀 기울여 주려 노력했고 맡은 일은 책임감 있게 처리하며 열심히 사는 부모 모습을 보여 준 덕분이라 생각한다. 요즘은 애들에게 열심히 살라는 말은 하지 않는다. 사실 할 필요도 없다. 이미 열심히 산 부모 뒷모습을 보고 자랐기에 알아서 하리라는 믿음이 있기 때문이다.

아이들에게 감사하는 마음을 물려주는 것도 뜻깊은 일이다. 지금은 어린이집이나 유치원 교육비를 국가에서 지원해 줘서 부모 부담이 거의 없지만 예전에는 교육비 전액을 부모들이 부담하며 아이를 보냈다. 적지 않은 교육비여서 가정 경제가 어려워지면 보내지 못하는 부모도 있었다.

어릴 때부터 풍족하게 키우는 요즘 아이들은 감사한 마음을 갖기가 쉽지 않다. 또 자식에게는 힘든 경험을 겪지 않게 하려는 부모들 덕분에 자신들이 얼마나 풍족하고 편한 삶을 사는지 모른다. 부모는 당연히 희생하는 존재로 생각하는 듯하다. 감사한 마음이 생길 리 없다. 그래서 어려서부터 작은 것 하나에도 감사해하는 마음을 심어 주는 교육이 필요하다고 생각한다. 감사함을 아는 사람은 능동적인 자세로 책임감 있게 삶을 열심히 개척해 나간다.

부모님에 대한 감사는 우리가 세상을 살아가는 데 가장 기본이 되어야 하는 중요한 덕목이다. 또한 가진 것, 누리는 것에 대해 감사하고, 보살펴 주는 사람에 대해 감사하는 마음을 가질 수 있게 유아기부터 가르쳐야 한다. 이것은 그 무엇보다 값진 유산이 될 것이다.

학부모들에게 강의할 때마다 나는 말한다.

"아이들에게 물질적 유산보다 정신적 유산을 물려주는 부모가 되세요. 아이가 자라고 있는 지금 육아에 집중해서 키운다면 더 소중한 걸 얻게 해주는 부모가 될 수 있습니다." 하고 말이다.

# 자식 잘 키운 부모는 언제나 당당하다

결혼하면서 시누이, 시동생과 함께 살았다. 일 년이 안 되는 기간이지만 그때의 힘든 경험은 많은 것을 느끼게 했다. 아무것도 할 줄모르던 나는 일 끝나고 집에 오면 엄마에게 전화하여 이것저것 물어서 밥과 반찬을 했다. 청소와 빨래까지 하고 나면 몸에 있는 에너지는 다 방전되었다. 몸이 힘들다 보니 지혜를 발휘하여 발전적인 방법을 찾기보다는 눈앞의 상황을 헤쳐 나가기에도 바빴다. 두 아이를키울 때도 편할 날이 없었다. '일하며 아이 잘 키우는 법'을 가르쳐 주는 학원이 있으면 다니고 싶을 정도였다.

엄마는 농사일을 하며 많은 형제를 낳아 힘들게 키우셨지만 세상사는 지혜와 여유를 생활 속에서 보여 주셨다. 아이 키우는 방법을몰라 좌충우돌하던 그때 비로소 돌아가신 엄마가 얼마나 지혜로운분이셨는지 새삼 존경스러운 마음으로 알게 되었다. 어느새 아이 둘을 다 키웠지만 가슴속으로 여전히 엄마를 사랑하고 존경한다.

두 아이를 키울 때는 외식을 한 적이 별로 없다. 식당에 가면 뛰는것을 좋아하는 작은애가 남들에게 피해를 줄까 봐 불편했다. 또 다른 사람에게 내 자식이 손가락질당하는 것도 싫었다. 그래서인지 아이가 어릴 때는 부모가 잘 가르쳐야 한다는 것과 가정이 제일 편안하고 좋은 곳이라는 생각으로 살았다. 또 여행도 자주 가지 않았다. 가족끼리 놀러 갔다 오면 두 아이 모두 열이 나며 아팠고, 아이가 아프면 돌봐 줄 수 없는 주변 상황과 워킹맘의 비애가 느껴지는 게 싫었기 때문이다.

그래서 어린이집을 운영할 때는 아이들에게 규칙적으로 생활하도록 유도했다. 특별한 일이 없는 한 두 아이 모두 저녁 9시 30분이면 재웠다. 잠을 못 자면 짜증이 늘고 의욕도 없어 하루를 힘들게 보낸다는 것을 알기 때문이다. 밥도 아침저녁은 꼭 챙겼다. 어린이집에 다녀서 점심은 신경 쓰지 않아도 됐다. 지금은 오전 간식이 있지만 예전에는 집에서 아침을 거르면 점심때까지 먹지 못했다.

저녁에는 짧은 시간이라도 아이들과 마음껏 놀아 주었다. 그 때문인지 낮에는 활발하게 잘 놀았고 저녁에는 잘 잤다. 규칙적인 생활 덕분인지 환경이 크게 바뀌지 않는 한 큰 병치레 없이 잘 컸다. 그때는 아이가 아프면 원장으로서 책임감이 약해질 수 있다는 생각이 들었고, 엄마로서 무능함이 느껴져 현실적인 선택을 한 것이다.

조급함이 느껴질 때도 있었고 나중에 후회하지 않을 삶을 살고 있
는지 의문이 들 때도 있었지만 아이 키울 때는 어떤 상황에서도 아
이를 중심에 두고 일 처리를 했다. 돌이켜 보면 아이 키우는 것만큼
행복한 일이 없었고, 더 잘 키우지 못해 아쉬움이 남는 일도 없다.
주변을 둘러보니 자식 잘 키운 부모만큼 어깨가 당당한 부모도 없는
듯하다.

　모르는 것은 부끄러운 일이 아니다. 배우려고 하지 않는 게 창피
한 일이다. 나도 아들딸이 어릴 때는 힘들었다. 엄마로서 아는 게 없
고 할 줄 몰라서 키우는 동안 '내가 잘 키우고 있나?', '이 방법이 최선
인가?' 하고 불안해하며 키웠다. 모르는 것은 주변에 조언을 구하거
나 책을 사서 읽었다. 그렇게 조금씩 배우며 노력하다 보니 진짜 엄
마가 됐고, 아이들도 잘 자랐다.

　어린이집 원장을 할 때도 마찬가지였다. 처음에는 어렵고 힘들어
서 포기하고 싶을 때가 많았다. 하지만 원장을 믿고 아이를 보내는
부모님들을 생각하면 잠이 안 왔다. 책임감이 나를 압박했다. 그 무
게감이 몸과 마음을 움직이게 했다. 훌륭한 교육을 하는 다른 원장
들을 찾아다니며 배웠다. 교육을 받으며 공부를 계속했다. 부족한

부분을 채우려고 노력한 만큼 자신감도 생겼고, 졸업생과 재학생 부모들에게 좋은 어린이집이라는 칭찬을 들을 수 있었다.

어린 나이에 부족하게 시작한 원장이 성숙해질 수 있도록 아이를 믿고 보내 주며, 격려해 주고 기다려 준 학부모들과 경험 없이 시작한 원장이 배우며 바르게 깨우칠 때까지 응원해 주고 함께해 준 많은 교사들에게 진심으로 감사의 마음을 전한다.